吉登斯文集

郭忠华 主编

社会学方法的新准则

阐释社会学的建设性批判

（第二版）

〔英〕安东尼·吉登斯 著

徐法寅 译

郭忠华 校

商务印书馆
创于1897 The Commercial Press

Anthony Giddens

New Rules of Sociological Method: A Positive Critique of Interpretative Sociologies (2nd Edition)

Polity Press Ltd., Cambridge, 1993

根据英国剑桥政体出版社 1993 年版译出

《吉登斯文集》总序

出版《吉登斯文集》是我多年来的愿望。2007 年在中山大学组织召开“吉登斯与现代社会理论学术研讨会”期间，我便萌生了编辑出版《吉登斯文集》的想法，并与当时前来参会的吉登斯爵士进行过协商，初步选定了文集书目。此后，曾与国内数家出版社进行过洽谈，但终因吉登斯著作的中文版权过于分散和版权让渡困难而难以实质性地推进。2009 年留学英国期间，我再次与吉登斯商谈此事，并希望通过获得国外免费授权方式一次性解决版权问题。我的想法一定程度上得到吉登斯的支持，鉴于其著作主要由政体出版社（Polity Press）出版，他将该社的版权经理介绍给了我。数次接触之后，由于该社对于免费版权让渡的做法并不热心，该事宜再次不了了之。几番挫折之后，这一想法曾一度搁置。2015 年前后，随着与商务印书馆上海分馆王亚丽女士之间的业务往来不断增多，我向其提出编译《吉登斯文集》的想法，并得到了她的热情支持。在经过出版论证之后，项目很快付诸实施，且短时间内便购得了数本版权，这大大增强了我对项目的信心和决心。

编译《吉登斯文集》主要基于以下几方面考虑：第一，吉登斯所具有的重要影响。吉登斯是当代最著名的思想家之一。从 20 世纪 70 年代初至今，他的学术研究生涯已逾五十年。五十年来，其出版著作近五十部，其中诸多不乏世界性影响，如《资本主义与现代社会理论》《现代性的后果》《第三条道路》，等等。吉登斯提出的诸多理论同样影响广泛，如结构化理论、民族国家理论、现代性理论、第三条道路理论等。将吉登斯的主要著作系统地翻译出版，有助于中文学术界理解其思想全貌。第二，国内学术界的研究兴趣。从 20 世纪末至今，国内学术界对于吉登斯思想的兴趣一直居高不下。迄今为止，据中国知网的不完全收录，直接以吉登斯为主题的博士论文有近十篇、硕士论文近八十篇，一般学术论文则有一千余篇。这充分表明，吉登斯研究在国内已成为一个重要的学术主题，形成了一个庞大的学术群体。出版《吉登斯文集》有助于进一步提高研究质量和促进学术交流。第三，国内吉登斯著作的翻译现状。从 20 世纪 90 年代末至今，国内出版社对于吉登斯著作的出版兴趣也持续增长。可以说，除少数几本著作外，其大部分著作已经得到翻译，《社会的构成》等著作甚至出版过多个版本。但不可否认，这些著作分散在二十余家出版社，翻译质量参差不齐，同一个词汇甚至被翻译成迥然不同的译名。这些现象严重影响了读者对作品的理解，《吉登斯文集》的出版，有助于从总体上提高翻译质量。

《吉登斯文集》的翻译和出版将是一个长期工程，我期待广大学术同仁的呵护与支持，也祈愿它成为学术出版的精品。

郭忠华

2021 年 3 月

吉登斯思想脉络中的《社会学方法的新准则》

（中译本序）

《社会学方法的新准则：阐释社会学的建设性批判》（以下简称《社会学方法的新准则》）一书于1976年由英国哈钦森（Hutchinson）出版社出版，此后曾五次重印，并于1993年进行过第二次修订，本书根据第二版翻译出版。按照吉登斯在《理解现代性：吉登斯访谈录》（*Making Sense of Modernity: Conversations With Anthony Giddens*）一书中所做的回顾，其长达半个世纪的学术历程大致可以划分为三大阶段："重释经典社会思想以往的发展；建立社会科学新的研究框架；分析现代性制度的突出特性。"① 显然，本书属于其学术研究历程的第一阶段。吉登斯给这一阶段设定的任务是"重释经典社会思想以往的发展"，具体体现在对马克思、涂尔干、韦伯等三大经典思想家著作的反思上。1971年，吉登斯出版其处女作《资本主义与现代社会理论：对马克思、涂尔干、韦伯著作的分析》，并一举成名。该书以三

① Anthony Giddens and Christopher Pierson, *Conversations With Anthony Giddens: Making Sense of Modernity*, Stanford, CA: Stanford University Press, 1998, p. 51.

大思想家有关“现代社会”的论述作为线索，对他们的著作进行创造性诠释。它不仅使人们意识到三大思想家著作中许多长期被忽略的内容，而且大大提升了三大思想家与当今高度现代性社会的关联。此后，该书被当作西方社会学专业本科生、研究生教材的“生命线”，印数高达一百余万册。如果把对经典社会思想家的重释比作一条河流，《资本主义与现代社会理论》便是吉登斯在这条河流上筑起的一道大坝。此后，他还不断对这一大坝进行加高、加固。其中，在反思马克思著作方面，他继续出版了《历史唯物主义的当代批判》；在反思韦伯著作方面，他继续出版了《马克斯·韦伯思想中的社会学与政治学》；在反思涂尔干著作方面，他继续出版了《埃米尔·涂尔干》、《涂尔干论政治与国家》（编译）、《社会学方法的新准则》等三部著作。在这一庞大的学术计划中，本书所针对的是涂尔干思想，并且出于对话其《社会学方法的准则》的目的，有意将书名取为《社会学方法的新准则》。

以现代社会作为主线，马克思、涂尔干和韦伯从各自的方法论立场出发，开创了三大独特的方法论传统：批判传统、实证传统和阐释传统。每一个传统在他们之后都不乏追随者。比如，马克思传统启发了法兰克福学派的批判理论、结构主义的马克思主义等，以涂尔干为代表的实证传统启发了英美学术界广泛流行的实证主义主张以及以丹尼尔·贝尔为代表的后工业社会理论，韦伯则对欧陆阐释学传统启发良多。[①] 对于吉登斯而言，三大思想家既是其反思现代社会理论的起点，也是其重建社会学研究方法

① 安东尼·吉登斯：《社会学：批判的导论》，郭忠华译，上海译文出版社，2013年，第二章。

的开端。前者使他在 20 世纪 90 年代过渡到对“现代性”主题的研究之后，建立起以资本主义、工业主义、监控和军事暴力为基础的现代性理论框架，其中不乏三大思想家的身影；后者则使他在 20 世纪 70 年代中期到 80 年代中期致力于社会学研究方法的重建，并建立起独具特色的“结构化理论”（Structuration Theory）。从某种意义而言，本书是吉登斯建构其“结构化理论”的起点。在本书中，作者尽管没有将分析直接建立在对涂尔干著作的分析上，但它的目标正如副标题所表明的，是要对阐释社会学进行实证主义的批判。为何要进行这一批判？这依赖于我们对 20 世纪中期社会学研究方法的了解。

结构主义、功能主义和阐释社会学是盛行于 20 世纪中期西方学术界的三种主流方法论潮流，其中每一种都包含着更加细微的支流。结构主义从语言学那里受到启发，此后被延伸至社会学等领域，其中包含以施特劳斯为代表的结构人类学、以阿尔都塞为代表的结构主义的马克思主义以及以福柯、德里达等为代表的后结构主义（解构主义）等。功能主义则从进化论那里受到启发，并通过马林诺夫斯基、布朗等人而发扬光大。除此之外，功能主义通常还包括以卢曼等为代表的“系统论”分析和结构—功能主义。在吉登斯看来，结构主义和功能主义方法论都可以追溯到涂尔干那里。在社会分析中两者都将社会事实置于首要地位而忽视了行动者的能动性。在 1977 年出版的《社会与政治理论研究》（*Studies of Social and Political Theory*）一书中，吉登斯对结构主义、功能主义代表人物的观点进行了批判性反思。在这一过程中，功能主义遭到其无情的抛弃。按照他此后的说法，功能主义站在进化论立场上，把“进化”和“调适"（人对自然和社会环境的调节和适应）作为核心思想，但"调适"是一个什么都能说明，其实毫无用处的词汇。[①]尽管对结构主义也多有批评，但吉登斯从结构主义那里还是继续了诸多素材，其中包括结构、制度、规则、支配等。对于结构主义和功能主义的批判，此后还见之于《社会理论的核心问题》《社会的构成》等著作中。

如果说对结构主义和功能主义的批判是吉登斯对涂尔干的实证主义传统所进行的直接批判，那么，本书则可以被看作对它所做的间接性批判，即通过发掘阐释社会学传统中的积极因素来表明实证主义传统存在的盲点。在吉登斯看来，结构主义和阐释社会学存在一个共同的弱点：双方都忽视了对方所具有的优势。结构主义没有看到阐释社会学在解释个体的日常生活时所具有的优势，阐释社会学则没有看到结构主义在解释社会系统的结构特性特征时所具有的优势。本书是吉登斯对阐释社会学传统进行集中反思的一部著作，其反思的对象主要包括海德格尔和维特根斯坦后期的哲学思想、以伽达默尔和舒茨为代表的"现象学"、以加芬克尔为代表的"常人方法学"、以米德为代表的"符号互动论"以及以戈夫曼为代表的"拟剧研究"。这些思想流派之间尽管存在差异，但它们存在的一个共同之处是：或多或少都以韦伯所主张的阐释和理解作为基础，都侧重于从个体中心主义的立场出发，重视社会个体的能动性。这些方面正是各种形式的结构主义和功能主义流派所缺失的。《社会学方法的新准则》希望通过系统反思阐释社会学各理论流派的主要观点来彰显实证主义的不足。

---

① Anthony Giddens, *Constitution of the Society: Outline of the Theory of Structuration*, Cambridge: Polity Press Ltd., 1984, pp. 234–235.

序言无意详细介绍本书的具体内容，而只是对阐释社会学核心主张做一简单概括。第一，阐释社会学强调，社会科学研究不是对一堆僵死事实的描述，也不是仅通过统计、调查等技术手段就可以完成的研究。相反，它把"理解"看作所有社会科学研究的普遍特征，社会世界必须被当作具有能动性的社会个体的技能性成就来加以理解。第二，"阐释"是通往"理解"的途径。这意味着，社会科学研究者在分析和解释普通行动者的行为时所使用的资源，与普通行动者在理解自己行为时所使用的资源，是一样的；反之亦然。研究者不能将自身与普通行动者的日常实践分离开来，相反，只有以普通行动者的身份进入到他们的日常世界，才能形成真正的阐释。其中，语言是通往理解的媒介。第三，研究者拥有的知识体系与普通行动者的知识体系存在着本质性差别。前者具有表达精确性、逻辑完备性、定义明确性的特征，表现为只有研究者才能理解的专业知识；后者则具有情境性、实用性和潜在性的特征，表现为行动者之间的"共有知识"。第四，社会科学是一种"双重阐释学"，即社会科学家首先要理解普通行动者在维持一个有意义的世界时所使用的那些概念，社会科学家所使用的概念要与这些概念相关，要以这些概念为基础才能建立起自身的专业知识。以这些基本原则为基础，吉登斯从阐释学各流派中提炼出了能动性、理性、共有知识、实践、反思性、权力等一系列重要概念，它们成为其重建社会学研究方法的基础。

在《社会学方法的新准则》的结论部分，吉登斯提出了社会学方法的若干条"新准则"，它们涵盖"社会的生产与再生产""能动性行为的界限”“理解社会生活的方式”“社会科学知识的形式方式”等四个主题。其中，主题一包括以下两条新准则：第一，社会学关注的不是一个“预先给定”的客观世界，而是一个由社会个体所能动地创造的世界；第二，社会系统的生产与再生产不是一系列机械的过程，而是社会个体的能动性成就。主题二包括三条准则：第一，人类的能动性行为受到社会系统的结构性制约；第二，但不能简单地认为，社会结构只是对人类行为具有限制作用，它对人类能动性行为实际上也具有促进的作用；第三，社会系统的结构化过程反映在意义、规范和权力等三个领域的互动过程中。主题三主要涉及两条新准则：第一，社会个体共享的“共有知识”是研究者理解社会的资源和出发点；第二，要理解某种形式的社会生活，研究者必须沉浸于该种生活形式中，了解这种生活形式所建立的规则和制度。主题四也涉及两个方面：第一，社会科学必须遵循“双重阐释学”的原则，即将行动者的日常生活知识上升为社会科学的抽象知识，再使这种抽象知识回到行动者的日常世界中去；第二，社会科学研究的任务是：在社会科学的语言范围内对不同的生活形式做出阐释性说明，将社会的生产与再生产作为人类能动性行动的结果进行理解。

可以看出，上述“新准则”具有明显的阐释社会学色彩。可以说，对阐释社会学的反思，使吉登斯意识到社会个体在社会系统生产与再生产过程中的重要性。这是本书所取得的重要成果。同时，对结构主义和功能主义的反思，则使吉登斯意识到“结构”在社会系统生产和再生产过程中的重要性。这是《社会与政治理论研究》等著作所取得的主要成果。对于吉登斯而言，接下来所要处理的事情是：如何将阐释社会学与结构主义所呈现的那些彼此对立的范畴有机地结合在一起，如个体与社会、能动与结构、共时与历时等，建立起社会学研究方法的新范式。1979年，他出版《社会理论的核心问题》，初步建立起“结构化理论”的基本框架。时隔五年，他再出版《社会的构成》，对“结构化理论”的核心观点展开系统论述。至此，标榜吉登斯第二阶段学术成就的“结构化理论”正式建立。在这一阶段完成之后，他随即将这一方法论框架运用于对“现代性”主题的研究，但这已超出本序言的言说范围。从这一角度而言，本书在吉登斯思想谱系中的重要性已毋庸置疑：它既传承了其反思经典社会理论的阶段，又开启了其重建社会学研究方法的新阶段。

我感谢本书的译者徐法寅博士。2013年春在美国肯塔基大学与其初次相识，当时他正师从著名社会学家托马斯·雅诺斯基（Thomas Janoski）教授从事博士论文写作。与其谈及吉登斯的著作和更广泛的社会理论脉络，当时令我印象深刻。但在他回国之后，首次与其合作的却是公民身份主题的相关研究。《吉登斯文集》在商务印书馆的启动使我有机会在吉登斯和社会理论主题上与他合作。当我谈及将本书交由他翻译的想法时，他不仅欣然答应，而且按时提交了译稿。我在其译稿的基础上先后进行过两次校对：第一次是交稿前的校对，第二次是清样时的校对。我们的态度是认真的，但翻译是一项高风险的活动，我很难保证每一处翻译都完全符合文本的原意。这一方面是文本跨语际旅行时必然产生歧义的结果，另一方面则是翻译和校对过程中难免发生的疏忽。准此，凡有不当之处，诚挚欢迎读者善意的指正。我也感谢商务印书馆上海分馆的王亚丽编辑，正是在她的努力下，《吉登斯文集》才得以面世，她的耐心和宽容则使我们能对本书进行从容译校。在汉译思想界所闪烁的群星当中，我希望吉登斯著作的翻译能够为其增添一点幽深而绚烂的色彩。

郭忠华

2021 年仲春于祁乐苑

目　　录

前　言……………………………………………………………… 1
第二版导言………………………………………………………… 3
第一版导言…………………………………………………………21

第一章　若干社会理论和哲学流派……………………………… 35
　存在主义现象学：舒茨 ……………………………………… 36
　常人方法学……………………………………………………… 47
　后维特根斯坦哲学：温奇 …………………………………… 59
　小结：阐释社会学的意义 …………………………………… 68
　阐释学和批判理论：伽达默尔、阿佩尔、哈贝马斯 ……… 70
第二章　能动性、行为识别和沟通目的………………………… 89
　能动性问题……………………………………………………… 89
　目的和谋划……………………………………………………… 94
　行动的识别……………………………………………………… 97
　行动的合理化……………………………………………………101
　意义和沟通目的…………………………………………………106
第三章　社会生活的生产和再生产………………………………114
　秩序、权力、冲突：涂尔干和帕森斯 …………………………114
　“唯意志论”……………………………………………………116

社会中的个体 …… 117
秩序、权力、冲突：马克思 …… 120
“有意义”沟通的生成 …… 125
互动的道德秩序 …… 129
互动中的权力关系 …… 131
合理化和反思性 …… 135
行动的动机 …… 138
结构的生产与再生产 …… 140
小　结 …… 148

第四章　解释性说明的形式 …… 152
实证主义的困境 …… 154
后期发展：波普尔和库恩 …… 157
科学和非科学 …… 160
相对主义和阐释分析 …… 168
适当性问题 …… 172

结　论：社会学方法的新准则 …… 180
注　释 …… 189
索　引 …… 196

前　言 vii

本书虽然是一个更大研究计划中的一部分，但的确也可以作为独立的专著进行阅读。本书所讨论的问题虽然未能详细展开，但对于我的整体研究计划却是至关重要的问题。这一整体研究计划包括三个相互交叉的问题：一是批判地分析 19 世纪社会理论的发展及其在 20 世纪演变为“社会学”“人类学”以及“政治科学”等制度化和专业化学科的过程；二是审视和批判 19 世纪社会思想的主要主题，因为这些主题深深地影响了关于发达社会形成的理论；三是详细分析和着力重建关于社会科学的性质这一令人头疼的问题——这些“科学”假定：社会科学所关注的“研究对象”是人类的社会活动和主体间性。虽然本书希望有助于解答上述问题中的第三个，但任何这样的讨论都将突破这种简单的概念区分，并直接涉及其他研究问题。作为一个完整的研究计划，这些问题都力图批判地分析 19 世纪和 20 世纪早期的社会理论对于当代的影响。

本书是一本有关“方法”的著作，但这里“方法”的含义指 viii
的是社会哲学家们所使用的特定含义——涂尔干（Durkheim）在《社会学方法的准则》中所使用的含义。也就是说，这不是一本

“如何做实际研究”的指南，也没有提供任何具体的研究计划，而主要是澄清逻辑方面的问题。我将本书的副标题定为对“阐释社会学”(interpretative sociologies)的“建设性批判”(positive critique)。任何阅读本书的人都将注意到，这并不是“实证主义”(positivistic)的批判。我使用该词汇只是意味着“赞同”或“建设性的”(constructive)：这种含义早于孔德使用这一术语来定义一种特定的社会和自然科学哲学。对于出现在第一章中的思想流派来说，冠之以“阐释社会学”有点用词不当，因为其中有些人特意将自己的研究与“社会学”区分开来。我之所以使用“阐释社会学”术语，只是因为没有其他可以涵盖所有这些关注“有意义的行动”(meaningful action)含义的词汇。

这本书的核心思想是，社会理论必须将行动视作人类行动者进行反思性(reflexively)控制的理性行为，必须强调语言作为实践媒介的重要性，因为正是语言的媒介作用使实践成为可能。这些观点具有很多重要的启示，本书将探索其中的某些启示。只要意识到以语言为媒介的自我反思是人类社会行为的内在特征，所有人就必然承认：其作为社会“分析者”或“研究者”所从事的活动也是如此。此外，我认为社会科学所建构的理论不仅仅是各种“意义框架”(meaning frames)，不仅仅是对社会生活状态的阐释，而且也是对社会生活的一种道德干预。

第二版导言 1

自这本书问世以来，已经过去了很多年，但我希望它仍未失去对当前社会理论问题的价值。在《新准则》一书中，我讨论了各种形式的阐释社会学和一些更主流的社会学传统。写作这本书之时（直到现在仍是如此），我将它视为与本书讨论的各种社会和哲学思想进行的一种“对话式批判”。也就是说，我认为我所批判的这些思想非常重要，但是由于各种原因，这些思想在提出之后并没有得到充分的发展。虽然有些人认为这种策略是一种不恰当的折中主义，但我认为这种对话式批判恰恰是社会理论中思想发展的活力源泉。

《社会学方法的新准则》与其他“建设性批判”是一致的；在阐述结构化理论的基本原则时，我也将进行“建设性批判”。在同一时期的补充性作品中，我分析了《新准则》中没有阐述或者只是简单提及的社会分析方式。这些分析方式包括：自然主义社会学*，功能主义，结构主义和“后结构主义”。《社会的构成》虽然对结构化概念的阐释比《新准则》更加综合，但却没有取而代 2

---

* 现在，我认为这个术语比“实证主义”这个词语更加恰当；“实证主义”一词更加常见，也更加模糊。

之。[①]《新准则》对能动性（agency）、结构和社会转型（social transformation）问题的阐述是独特的；特别关注了行动的性质以及行动分析对于社会科学逻辑的启示。

自《新准则》首次出版以来，争论一直存在，但我在修订过程中仍认为几乎不存在需要放弃或修改的内容。塔尔科特·帕森斯（Talcott Parsons）的著作仍旧不乏追随者，而且通过尼古拉斯·卢曼（Niklas Luhmann）等人的工作仍然存有广泛的影响，但不再像以前那样占据中心地位。现在，现象学也不再像以前那样被广泛引用，后结构主义却以不同的形式变得更加重要，而且与后现代主义结合在一起。然而，我认为这些变化并没有改变我在本书中所提出的观点，我认为我的观点依然有效。

《新准则》也引发诸多批评：其中一些以建设性为目的，另一些则以破坏性为目的。由于我已经在许多其他地方回应了这些批判，在这里将不再重复这些回应。此处我只想集中讨论以下两个问题：作为结构化理论的关键概念，"结构二重性"概念是否将本应相互区分的社会生活层面合并了起来；自然科学的"单重阐释"（single hermeneutic）与社会科学的"双重阐释"（double hermeneutic）之间的区分是否仍需坚持。《新准则》之后的一些文献已经对这些问题进行过很多讨论。为方便起见，我将集中分析尼克斯·莫泽利斯（Nicos Mouzelis）对第一个问题的讨论，以及汉斯·哈伯斯（Hans Harbers）和杰拉德·德·弗里斯（Gerard de Vries）对第二个问题的讨论。[②]

很多批评者接受了我对社会学所惯常使用的"结构"概念的批判。结构往往以涂尔干学派的方式被视为固定的、外在于社会行动者的，因此是行动的一种约束，而不是行动的动力。正是为了理解结构的这种双重特性，我提出了结构二重性概念。对这个概念的批评有哪些呢？主要包括以下异议：

1. 在日常行动中，行动者也许的确习惯性地依赖规则和资源，3
并使得它们得以再生产出来。但是，这种习惯性的规则和资源取向却不是他们唯一的或者主导的行动取向。如莫泽利斯所言："为了质疑这些规则和资源，为了建构关于它们的理论，或者（更重要的是）为了制定维持和改变它们的策略，行动者常常与这些规则和资源'保持距离'。"②

2. 因此，结构二重性概念不能恰当地解释社会系统的构成或再生产。规则和资源的再生产不仅仅发生在它们被实际使用的情况下，也发生在行动者为策略性地维持和改变它们而与它们保持距离的情况下。在这种情况下，结构二重性概念就变得非常不恰当。也许，我们应该用"二元性"（dualism）概念来取代"结构二重性"，因为作为"主体"的个体在社会环境中是将规则和资源视为"客体"进行对待的。

3. 这些评论直接涉及社会科学中微观分析与宏观分析之间的区分。尽管《新准则》并没有直接讨论这一区分，但正如大家所理解的，我的确也在考虑这一问题。然而，如果我们不讨论这个问题，批评者将断言，我们得到的结论是一种不合时宜的化约论。社会系统的许多结构性特征不能通过情境化的个体行动来得到理解。微观分析和宏观分析并不是相互排斥的，事实上，两者相互需要，但又必须相互区分。

4. 结构二重性概念不能解释宏观情境取向的行动，而只能解释微观情境取向的行动。例如，这个概念可以很好地解释大街上

两个人之间的日常谈话，但不适合于分析国家领导人所进行的、
会影响亿万民众的决策行为。可以断言，第一种行为对于宏观社
会秩序的影响微乎其微，后一种行为则会直接而广泛地影响社会
秩序。结构化理论将能动者（agency）视为“微观主体（micro-
subjects），这些微观主体通过习惯性地使用规则和资源而维持制度
4 秩序的再生产。宏观行动因此被忽略了：无论是以权威职位的职
责为基础所进行的社会行动，还是为保护、维持或改变规则和资
源为目的而组织在一起的以各种个体能力为基础的社会行动”[4]

5. 我们应该保留涂尔干的外在性（externality）和约束性（constraint）概念，尽管不能以涂尔干本人所表述的方式保留。这涉及程度或层次的问题：对于某人来说是外在约束的东西，对另外一个人来说这种外在性和约束性的程度可能要低得多。这一观点与前述观点彼此关联，因为这意味着承认社会生活的层次性（hierarchical）——这里说的不是“个人”与“社会”之间的对立，而是说：我们应该承认社会组织层次的多层性以及各层次之间不同程度的分化。

为了回应这些批评，我将首先详细说明一下我为什么提出“结构二重性”概念。我提出该概念是为了与两种主要的二元论进行争论。其中之一存在于以前的理论视角中。正如我在其他地方所指出的，阐释社会学（比如《新准则》讨论的那些阐释社会学）具有“强行动而弱结构”的特征。它们把人看作有目的的能动者：他们意识到了自己是有目的的能动者，而且拥有他们的行动理由。但它们却不能解决功能主义和结构主义研究路径提出的重要问题——约束的问题、权力的问题、大规模社会组织的问题，等

等。与此相反，第二种研究路径虽然具有“强结构”的特征，但也存在“弱行动”的不足。这种观点认为行动者是被动的、无能的，只不过是外在力量的玩偶而已。

在摆脱这种二元论理论视角的同时，《新准则》也反对“个体”与“社会”之间的二元对立。两种二元论都没有为理论反思提供一个恰当的起点；相反，我们应该集中关注**被再生产的实践**（reproduced practices）。但是，弄清楚放弃“个体”/“社会”二元对立的含义，是非常重要的。这样做绝不意味着否认具有独特结构特性的社会系统和各种社会集体的存在，也不意味着这些结 5
构特性以某种方式“包含于”情境性的个体行动中。摆脱个体与社会的二元论，是指个体和社会都应该被**解构**（deconstructed）。

如果“个体”仅仅是物理性的肉体存在，这个概念似乎没什么问题。然而，一个人并不仅是一个肉身（body），而且就其与行动本身的关系而言，肉身也是一个极为复杂的概念。我们所说的“个体”不仅仅指“主体”（subject），也是能动者（agent）；因此，（正如塔尔科特·帕森斯所一直强调的那样，）行动概念必定是一个核心概念。此外，更为关键的是，行动不仅仅是个体的特性，也是社会组织或集体生活的要素。包括阐释社会学传统中的很多社会学家在内，大多数社会学家都没有认识到：无论关注的问题多么“宏观”，社会理论都应该像解释社会复杂性一样深刻地理解能动性和能动者问题。理解能动性和能动者问题正是《新准则》的目标。

结构二重性概念是一个与社会研究逻辑密切相关的概念，这个概念本身并没有提供关于社会再生产/社会转型条件的一般性结论。这一点至关重要，否则，结构化理论者的观点很容易被批判为化约论。当我们说社会生活的生产与再生产是同一回事的时候，这绝不意味着我们说明了具体社会行动情境中稳定或变迁的发生条件。我们只是在说：无论在逻辑层次上，还是在日常实际生活中，我们都不能跳出行动流（the flow of action），不管这种行动是维持了僵化的社会制度，还是促进了最激进的社会变迁。

在阐明了上面这些问题之后，我现在可以依次回应上述五个批评了。第一个批评既误解了结构二重性概念，也把反思性概念看得过于简单。所有的行动者都是社会理论家，这是他们成为社会能动者所必需的。人们在社会生活过程中使用的习俗从来都不是“盲目的习惯”。现象学，尤其是常人方法学，所做出的
6 独特贡献之一就是表明了：（1）社会生活过程持续不断地包含着“理论化”（theorizing）过程；（2）那些看似经久不衰的习惯和难以撼动的社会规范也涉及持续、复杂的反思性关注。例行化（routinization）在社会生活中发挥着基础性作用，但所有的日常活动始终都是偶然的和不稳定的行动。

个体在各种形式的社会中使自己与规则和资源“保持距离”，策略性地对待规则和资源，如此等等。由于刚才提到的原因，从某些方面来说，这甚至是最常规的社会再生产模式的发生条件。例如，无论行动的情境多么传统，这种传统总是不断地被阐释、重新阐释和推广应用；这本身就是传统“发挥作用”的方式。当然，所有的反思性关注本身都时时刻刻在利用、重构这些规则和资源，也就是说，不可能脱离行动流。

然而，在传统习俗的作用已经衰弱的社会环境中，莫泽利

斯所关注的那种“保持距离”表现得特别明显。我们这里需要区分作为人类行动一般特性的反思性和作为历史现象的**制度反思性**（institutional reflexivity）。制度反思性是指对系统再生产的一般条件所持的审视性和算计性态度的制度化；这种反思性引起和反映了传统行为方式的衰退。这种反思性也与权力的产生相关［这里的权力指的是转换能力（transformative capacity）］。制度反思性的扩大是现代性组织（包括全球性组织）发展的推动力。[5]

就第二个问题而言，我这里重申：结构二重性概念无法“解
释”所有事物。只有当我们考察某种真实的历史状况时，它才具
有解释的价值。结构二重性的“二重性”关注的是行动与结构的
相互依赖。这是一个逻辑判断，但是，这绝不意味着将情境化的
行动者和集体合并起来。的确，“层级结构”概念比“二元对立”
概念更佳：个体与集体之间的相互联系有多种模式。很显然，每 7
一个情境化的行动者都面对着行动环境；而且，与涂尔干的观点
类似，这种行动环境对他来说具有“客观性”。

至于第三个和第四个问题，对微观分析和宏观分析进行区分在社会科学中意义不大，至少不像我们通常认为的那样重要。将这种区分视为一种二元对立——认为能动性的概念适用于“微观环境”，而个体无法控制“宏观环境”，更容易产生误导。[6]重要的是考察各种个体和集体的“共同在场”（co-presence）和“间接联系”（mediated connections）之间的联系和区别。事实上，结构化理论并没有忽略莫泽利斯所说的“宏观行动”。然而，按照莫泽利斯本人所给出的理由，“宏观行动”并不等同于共同在场的缺失：在这里，权力分化（differential power）现象发挥着核心作

用。少数个体聚集在一起所制定的政策会产生广泛的影响。这种宏观行动比莫泽利斯所认为的要更加普遍，因为这种宏观行动绝不只限于有意识的决策过程；而且，和更加例行化的共同在场情境一样，大规模权力系统的再生产过程也很普遍。

至于第五个问题，社会生活确实涉及多层面的集体活动；在现代性的环境中尤其如此。这种说法非但不与《新准则》中提出的观点相左，反而完全与之相符。我们不能像涂尔干那样将“外在性”和“约束性”视为“社会事实”的内在特征。“约束”有多种存在形式，其中有些形式与权力分化现象有关。社会事实的“外在性”也不是用来界定社会事实的，而是让我们更加注意情境化的个体行动环境的不同性质、背景和层次。

在结构化理论中，“结构”隐含着“系统”的概念：只有社会系统或社会集体才会有结构性。结构首先来源于规范化的实践，因此与制度化过程密切相关；在社会生活中，结构赋予社会系统影响社会生活的总体**形态**。那么，参照语言使用现象来阐明结构二重性概念最终会误导人吗？我认为，如果我们将语言看作一种
8 封闭的和同质的实体，这种参照就容易误导人。但是，我们应该将语言看作由碎片化和多样的实践、情境和模式所组合起来的集体组织。正如我在文中所强调的，列维-施特劳斯（Lévi-Strauss）的“社会就像一种语言”的观点应该坚决予以拒斥；但是，语言研究仍然有助于我们理解社会行动的某些基本的总体特征。

到此为止，批评者可能仍然感到担心或不满。情境化个体互动的“日常实践”与深刻影响现代生活的大规模（甚至全球性）社会系统之间，难道不存在很大的差距吗？不管怎么说，前者怎

么能够成为后者结构性特征再生产的中介呢？对于这一问题的一个回答是：事实上，作为当代全球化趋势的一个结果，日常活动已经受到了全球性现象的重大影响，反之亦然。例如，在全球经济中，地方性的购买决策影响并构成了这种经济秩序；反过来，这种经济秩序又会反作用于随后的决策。从全球生态的角度来说，一个人吃什么样的食物会产生全球性影响。一个男子看待一个女子的方式可能是根深蒂固的性别权力结构的构成性因素，虽然这种影响并不是决定性的。全球化系统的再生产／变革就暗含在各种各样的日常决策和行动之中。

然而，解构“社会”意味着承认多样性、情境和历史的基础性作用。通过时空伸延、权力的产生和分配、反思性制度，现实中的社会再生产过程以各种方式相互交织在一起。对社会再生产进行研究的合适地点是由直接互动所构成的过程，因为所有的社会生活都是行动的结果，而且社会生活的每时每刻都留下了总体性（totality）的烙印。然而，这个“总体性”并不是一个无所不包、封闭僵化的“社会”，而是多种总体化秩序和动力的组合。

制度的反思性这个概念将现代性分析与“双重阐释”这一 9
抽象观念联系了起来。“双重阐释”中的“双重”再一次暗含了一种二重性：社会科学的“发现”并没有与它们的“研究对象”相隔绝，而是不断地介入和重塑它们的研究对象。必须强调的是，此处所谈论的并不是反馈机制的问题。相反，概念和知识主张（knowledge-claims）反过来介入和影响它们所要描述的事件及其构成的世界；这产生了极大的不确定性。因此，双重阐释实质上涉及现代性的断裂性和碎片性；在“高度现代性”阶段尤其如此。⑦

这一观点具有多层含义。但是，我这里只想从近期科学哲学和科学社会学中的争论来考察这种双重阐释观点。这些争论起源于一种到目前为止已经广为接受的观点：自然科学具有阐释性特征。正如在《新准则》中的讨论，原来对**理解**（Verstehen）和**解释**（Erklären）所做的区分是有问题的；下面这个关于科学活动的观点已经很大程度上被抛弃了：自然科学仅仅或主要研究类似规律的一般概括。正如凯琳·科诺尔-斯汀娜（Karen Knorr-Cetina）所说："自然科学的调查研究也是基于情境逻辑（situational logic）的，也是以索引性推理（indexical reasoning）为特征，虽然我们过去只将这种推理与社会世界的符号性和互动性特征联系在一起。"⑧

这些结论是对科学进行社会学研究的结果，而不是哲学阐释的结果。因此，长期以来被认为是科学知识基石的实验法，已经被作为情境信息的转译和建构过程而加以研究了。但是，这就是与自然科学的双重阐释区分开来的"单重阐释"吗？包括科诺尔-斯汀娜在内的一些人并不这样认为。她指出，这种区分取决于两个假设：人类拥有在自然界中找不到的"因果能动性"（causal agency）；社会领域中存在触发因果能动性的独特工具——有意识的获利行为（conscious appropriation）。这两个假设没有一个站得住脚。第一个假设依赖于一个过于简单的自然因果性概念，因为
10 许多自然界的物体也可以认为具有因果力量。第二个假设忽视了下列事实：在自然界中，信息的接收也有相似的（即使不是完全相同）触发机制。

哈伯斯和德·弗里斯认为，关于双重阐释的这些相互冲突的观点应该从经验证据的角度进行考察。科诺尔-斯汀娜的观点也是基于自然科学的历史和社会学研究的。为什么不直接在更广泛的知识和行动框架中考察社会科学的影响呢？根据他们的看法，双重阐释的论点假定了两个命题：当构成社会现象的常识性理解成为历史变迁的主体时，社会科学提供的阐释也将相应地发生变化；另外，社会科学所提出的新概念或新发现不仅要得到社会学学术共同体的支持，而且也要得到“普通人的常识性讨论”的支持。与自然科学不同，双重阐释这一概念意味着：社会学家向普通读者呈现他们的思想，不仅仅是一种公民责任，而且是一种“科学”责任[⑨]。哈伯斯和德·弗里斯对荷兰教育发展的考察，检验了这些假设。

长期以来，社会学家一直在研究教育机会的不平等问题。20世纪50年代以来，很多国家都设立了相关的研究项目以揭示这种不平等的影响因素。由11位社会研究者所进行的“荷兰人才计划”就是其中之一。这个项目相信存在着大量的“闲置人才”，并对此现象加以研究。换句话说，他们认为，许多贫困家庭的孩子虽然有资格接受高层次的中学教育，但是却没有进入合适的学校。然而，调查结果却与人们的预期并不一致。孩子们进入了与他们的能力相匹配的学校；那些来自下层社会的孩子之所以在高层次学校的占比较低，并不是因为他们小学以后错误地选择了学校类型。实际情况是，这些孩子在小学时就已经落在了后面。

一开始，这些结论确实被大部分教育部门所接受，并成为政府决策的依据。然而，后来另一位研究者采用新的计算方法来分 11

析相同的数据，并出版了一本书。他使用了一个完全不同的“人才”概念，并得出结论说“闲置人才”现象的确存在。最初的“人才计划”是在特定的假设框架下进行的，即与流行的“精英统治”观点相呼应的假设框架。第二个研究者批判了这些假设，而且不仅提出了关于教育不平等的不同观点，还提出了减少这种不平等的不同实践取向。他的概念和观点为打破之前的“精英统治共识”做出了贡献。随后，教育社会学对许多研究问题做了新的界定，并由此分化出许多对立的研究视角。再后来，这些不同的界定和观点又反过来渗透到了公众对于教育政策问题的讨论中。

哈伯斯和德·弗里斯认为，他们的研究提供了一个具体的双重阐释案例：公众对于教育的态度不仅被社会研究所改变，而且也引起了社会研究的改变。他们认为，当研究工作中具有“理论风格”的观点与广泛持有的常识假设一致时，所有人都不会注意到这些常识假设。在这种情况下，社会学研究者看起来就像自然科学家那样是“自主的科学家”。然而，当普通公众中出现许多不同意见时，社会现象的分析就必须同时在不同的场合进行说明和辩护。他们得出结论说：

> 社会科学家对常识思维的依赖，明显不同于自然科学中常识与科学知识之间的关系。在自然科学中，观点、概念、比喻等也有可能来自非科学的传统习俗，因此，常识思维也可以成为一种资源。但是，常识性阐释却对社会科学设定了界限，迫使社会科学认识沿着我们的假设所设定的路线发展。[10]

哈伯斯和德·弗里斯的观点受到了威廉·林奇（William Lynch）的批评，后者所持的观点与科诺尔–斯汀娜相近。[11]社会科学和自然科学之间的差异毕竟不是如此悬殊。但是，为了弄清 12
这一点，我们必须更加关注自然科学而不是社会科学。因此，研究对象的阐释和“反应”之间的互动，既发生在社会领域也发生在自然界中。在社会生活中，行动者的阐释经常甚至总是“被呈现的”——那些保持沉默的人总是由别人来替他们说话。在自然科学中也存在同样的情况：科学家或普通行动者为自然界“说话”。类似地，自然界的因果秩序会被强加于它的解释所改变。因为自然界不是一成不变和客观存在的客体，它本身是由科学家和普通行动者所提供的解释“构成的”。

下面来看看自然科学中的“演绎—法则性”（deductive-nomological）规律问题。林奇认为，“在现实世界中并不存在”此种规律。相反，这些规律依赖于科学家对自然秩序的精心干预，这种精心干预只是为了说明在何种条件下这些规律可以被认为是“存在”的。通常，在实验室之外“扩展和应用”这些规律意味着，建立类似这些规律的现象能够“显现”的条件。这些规律的“适用性依赖于一些封闭性条件，而这些条件在现实中从来没有完全满足过，因此这些规律的显现需要干预和操纵”[12]。

如果自然科学家比社会科学家拥有更大的自主性的话，主要是因为现代社会中有利于科学发展的社会文化的发展。人们已经做了大量的工作以确保自然科学家比社会科学家对他们的认知选择承担更少的责任。因此，只关注社会科学中的双重阐释问题，会强化这种根深蒂固的倾向，掩盖自然科学对普通大众生活所产生的认知和实践性影响。具体地应用于社会科学的时候，双重阐释的概念既反对“经验性地检验过去施加于自然科学发展的世俗约束，也意味着禁止进一步介入涉及公众利益的问题”[13]。

评估这些观点的有效性必须仔细考察一下《新准则》中关于双重阐释概念的基本立场——不仅要考察“双重”的含义，而且要考察“阐释”的含义。双重阐释的观念在一定意义上是逻辑性
13 的，在一定程度上也是经验性的。从一定意义上讲，所有社会科学都必然是阐释性的，因为社会科学能够描述任何特定情境中“某人正在做什么”，也意味着它们能够理解行动者或行动者们在行动建构中所使用的认识。原则上，这种研究的“发生”依赖于参与者和社会科学研究者共享的共有知识（mutual knowledge）。自然科学中并不存在这里所说的这种阐释性因素，因为即使研究动物的大部分行为时，自然科学也不会涉及有知识的能动者。

这就是双重阐释概念的逻辑性含义：日常行动者是有思想的人，他们的观念会构成他们的行为；行动者可能在日常生活中获取和使用社会科学概念，社会科学概念也不可能与这种获取和使用行为相分离。双重阐释的现实经验与反思性制度相关；正如前文所指出的那样，随着现代社会秩序的成熟，反思性制度现象也变得非常普遍了。社会科学也深刻地论述了现代性的反思性制度，尽管还远未彻底搞清楚。作为一种经验现象，反思性制度促进了调查研究活动，虽然其他一些因素也会影响调查研究活动。我们没有办法完全逃脱反思性，因为社会科学研究者公开其研究结果后就难以控制它们了。正如《新准则》所阐明的，想通过自我实现预言或自我否定预言来削弱反思性制度，是徒劳无功的；这并

不是因为研究者有时会忽略它们，而是因为研究者将它们视为研究的障碍，而不是将它们视为社会科学与其研究对象之间关系的内在特性。

哈伯斯和德·弗里斯所做的这种研究有什么价值吗？我认为，作为对反思性制度的具体过程进行的个案研究，他们的研究还是有价值的。但是，在我看来，我们已不再需要新的经验研究来证明双重阐释的现实性了。反思性制度对现代性如此重要，以至于可以找到无数的例子。双重阐释问题比哈伯斯和德·弗里斯所阐述的要复杂得多，其存在范围也比他们阐述的要广泛得多。就社会现象而言，变动不居的常识性阐释与社会科学概念和理论之间 14
并不必然相互对应，虽然它们之间可能存在各种关联和对立。在我看来，面对他们所研究的活动的主体，社会科学家必须坚持他们的发现；面对社会科学家，行动主体也必须维护他们的阐释。但是，这主要是一个伦理／政治问题，因为社会科学家宣称，他们比普通行动者“更了解”事情为什么会以那种方式发生。

这些考察并没有解决自然科学中是否存在双重阐释的问题。如果自然科学确实存在双重阐释，我们会发展出一种新的“科学统一性”观念，但是这种观念与旧的自然主义“科学统一性”观念完全不同。自《新准则》问世以来，建构主义者（constructivist）和常人方法学对自然科学的解释取得了飞速进步，而且与更偏执的极端观点分道扬镳；此外，这些解释也使社会学能够更加精确地理解科学的性质。然而，我认为，它们并没有妨碍本书所提出的观点。科学的“单重阐释”并不等于它们独立于世俗的信仰和活动。这里，我们必须坚持共有知识和常识之间的区别。科学思想既可能来源于常识信念和概念，也可能质疑它们。这些常识信念有时是自然科学研究的催化剂，有时又会是它们的绊脚石。自然科学的概念和发现并没有从社会领域中分离出来，也没有从人类对自然界的观念性和技术性干预中分离出来。自然科学中的阐释及与之相关的研究程序，不是仅限于技术意义上的相互影响。自哥德尔（Godel）以来，我们就已经知道：即使最严谨的数学系统都假设了“系统外”概念的存在，日常语言显然是科学方法和研讨得以产生和进行的中介。“双重阐释是社会科学的特性”这一观点，绝不意味着反对科学和日常文化之间的互动。

然而，在我看来，自然科学家与其研究对象之间的关系既不
15 是由共有知识构成的，也不以共有知识为中介；这种关系与科学家之间的关系以及科学家与普通公众之间的关系是不一样的。这就是为什么双重阐释是特别针对社会科学而言的。在自然科学和社会科学中，都有一些人为那些保持沉默或者不善于表达的人说话，但这一事实并不会影响到上述观点。建构主义也不会影响上述观点，即使更激进的建构主义也是如此。没有人会认为自然界能够建构对自己的解释。

双重阐释产生的一个后果是：随着最初的社会科学思想和发现与日常的实践活动相融合，它们也就在不同程度上“消失了”。这是社会科学没有得到像自然科学那样的“技术性”应用的主要原因之一，这也是在公众眼中社会科学的威望比自然科学低的主要原因之一。最有趣和最有挑战性的思想恰恰是最可能在日常生活中被应用的思想——尽管可能产生许多不同的影响（我要再次

强调这一点）。从表面上看，现代文明似乎完全受自然科学的控制，社会科学似乎无关痛痒，也没有引起人们的关注。实际上，社会科学——在最为广泛的意义上说，是对社会活动条件所做的系统而全面的反思——对现代制度的影响至关重要；如果没有社会科学，现代制度是难以理解的。

在修订本书的过程中，我并不想做大的变动。我没有增加任何全新的章节，只是变动了一些格式，删除一两段已完全过时的材料。我删掉了第一版中近一半的注释，但也没有更新那些保留下来的注释；我还省略了第一版中的参考书目。

第一版导言 16

我们今天都知道，18 世纪末和 19 世纪自然科学和技术的巨大进步，深刻影响了社会科学的发展。我这样简单地下结论时，我也意识到这个过程背后隐藏着深刻的复杂性。下面这种说法显然是不对的：在社会思想模式形成的过程中不加批判地吸收了自然科学，虽然自然科学表面上使人类在科学认识和物质技术上控制了自然界。在整个 19 世纪，社会哲学中的唯心主义和文学中的浪漫主义分别以其不同的形式与自然科学的知识立场保持着距离，而且通常对机械技术的传播怀有深刻的敌意。像他们对自然科学的不信任一样，这些思想传统中的作家也怀疑社会科学的可能性。但是，那些寻求建立社会科学的人的著作影响更大；对他们而言，这种批判观点不过是一种陪衬。虽然孤立地提及一个或两个人物是不可靠的，但是，我仍然认为，我们可以将孔德（Comte）和马克思视为对社会科学后来的发展产生了显著影响的两位思想家（我所使用的“社会科学”主要指社会学和人类学，但有时也用来指经济学和历史学）。孔德产生了根本性的影响：正如涂尔干的著作所反映的，20 世纪的“专业社会学”和人类学的基本主题都可以追溯到孔德的社会学方法。追随马克思本人对孔德思想的轻蔑 17

和拒斥，马克思主义者也反对与孔德的理论相关的社会理论流派。虽然孔德的观点并不像马克思的那样精妙（马克思的社会思想受到了他颠倒黑格尔辩证法的影响；必须说的是，马克思的思想也有其逻辑难题），他所提出的“关于社会的自然科学”观点实际上也非常复杂；任何人只要随便看几页他的《实证哲学》就可以发现这一点。孔德和马克思都是在自然科学取得胜利的背景下著述的，而且二者都认为，将科学扩展至对人类社会行为的研究是人类不断地理解人类本身的直接结果。

孔德将此尊崇为一种教义。“科学等级”（hierarchy of sciences）概念所表达的，不仅仅是逻辑秩序，也是一种历史秩序。人类知识首先在远离人类干预和控制的自然领域除去了神秘主义的面纱；在这些领域，人类好像不能产生什么影响：首先是数学，接着是天文学。后来，科学的发展越来越逼近人类生活：经过物理学、化学和生物学，最终创立了社会学——关于人类社会行为的科学。我们很容易看出：甚至在达尔文之前，生物学的进化论已经为按照科学原则解释人类行为做好了准备；马克思对《物种起源》产生了极大的热情，并将他和恩格斯的追求进行类比。

终结神秘的东西，终结神秘化的做法：这正是孔德、马克思及其他人所期待和努力争取的。如果自然界能够被揭示为一种世俗秩序，那么，人类社会生活为什么仍然要保持神秘莫测呢？从科学知识到技术控制只有一步之遥：人类对自己的社会存在条件有了更精确的科学理解后，人们为什么不能理性地掌握自己的命运呢？虽然马克思学派（Marxian）的观点有些模糊，但我认为，

至少在本体论层次上，马克思学派的某些观点与我现在的研究是 18
一致的。我说的这些马克思学派观点将马克思主义（Marxism）视为对人类社会存在的主观性与客观性之间的历史联系所进行的经验观察，而不是将马克思主义视为预测资本主义必然灭亡并为社会主义所取代的"关于社会的自然科学"。但是，由于马克思的著作中确实有强烈的自然主义因素，我们可以认为，和孔德一样，马克思已预见到、并努力建构一门关于社会的科学；而且通过对人类社会生活进行研究，这门科学会像自然科学那样具有强大的解释力和启发性。从这种意义而言，社会学肯定是失败的。经典力学似乎发现了精确而可靠的规律体系，并成为牛顿之后所有科学的标杆，成为19世纪竞相仿效的目标；在这种情况下，社会科学的成就也就相形见绌了。

今天，那些坚持相同理想的社会科学工作者已经接受了这一点，而且他们也必须接受。下面这种愿望现在依然强烈：建立一种关于社会的自然科学，拥有和自然科学一样的逻辑结构，获得和自然科学一样的成就。当然，由于种种原因，许多人后来又放弃了下述信念：在不久的将来，在精确性和解释力上，社会科学将能够达到不甚发达的自然科学的水平。然而，那种希望出现一位社会科学界的"牛顿"的愿望仍然非常普遍，尽管现在怀疑这种可能性的人比依然抱持这种希望的人可能要多得多。但是，那些仍然在等待"牛顿"的人不仅仅是在等待一列永远不会到达的火车，而且他们根本就站错了车站。

当然，最为重要的是，追溯自然科学的确定性在20世纪是被抨击的过程。这一过程很大程度是因为物理学的内部变化和爱

因斯坦的相对论、互补性理论和“不确定性原理”对牛顿理论的排斥。但是，同样重要的是（至少对本研究而言），各种新科学
19 哲学的出现。在经典物理学遭受冲击之后的四五十年中，我们可以区分出科学哲学中相互交织但根本对立的两种趋势：一方面——这一点也不荒谬——有些人仍然坚持主张自然科学知识或其特定属性应该被视为判定所有“知识”是否合理的标准。虽然著名的“证实原则”（verification principle）本身很快就不能被证实了，虽然彻底排除人类事件中形而上学成分的努力很快就被放弃了，但逻辑实证主义或逻辑经验主义的影响即使不占据绝对主导地位，也仍然非常强大。在最近几十年里，那种正统观点已经受到了很大的挑战。在这种挑战中，卡尔·波普尔（Karl Popper）的著作起了非常关键的作用，虽然他的影响还不十分明确。无论波普尔最早的观点是什么，他对归纳逻辑进行了批判；他坚持认为，虽然科学知识一定有一个起点，但并不必然存在一个确定的起点；他的批判和观点产生了很大的影响，而且也引发了后来的很多重要观点。

自然科学中的这些讨论对社会科学的认识论问题具有直接的影响。但是，无论如何，我都想指出，无论自然科学受什么样的哲学传统的影响，社会科学都应该从自然科学的阴影中摆脱出来。当然，我并不认为，人类社会行为研究的逻辑和方法与自然科学完全不同（我当然也不相信这一点）；我也不支持人文主义传统的这种观点：任何进行一般化概括的社会科学都是不符合逻辑的。但是，任何以自然科学认识论和目标来定义社会科学认识论和目标的做法，是注定要失败的，只能得到对人类社会的有限理解。

如果把社会科学看作一门关于社会的自然科学，那么这种社会科学的失败不仅体现在应用范围精确的、“专业共同体”广泛认可的、统一的规律体系的缺失上，而且体现在普通大众的反应上。 20
根据孔德和马克思的设想，社会科学应该具有启示性，能够消除早期时代难以理解的偏见，并代之以理性的自我理解。普通公众对社会科学的“发现”的“抵制”经常简单地被等同于自然科学理论曾经遇到的敌对性：例如，不愿意接受世界是圆的而不是平的。但是，这种敌对性的产生，是因为科学理论或科学发现动摇或打乱了常识（在这里，我并不想触及既得利益者对科学观念的反对）。然而，社会大众反对社会学观点的原因却恰恰相反：他们认为，社会学的“发现”没有告诉任何他们不知道的东西——更糟的是，对于日常语言便能完美表达的东西，社会学还常常用专业语言来伪装自己。但社会科学人员却不愿意认真对待人们所提出的这种异议：毕竟，自然科学不是也经常表明，人们想当然的、“熟知的”信念实际上是错误的吗？为什么我们就不能说，社会科学的任务就是检验常识，检验社会大众是否真的知道他们以为已经知道的事物呢？然而，我想说的是，即使人们提出的这些异议最终证明是站不住脚的，我们也必须认真对待这些异议：因为，在一种不易言说的意义上，社会是人类有意识地发挥能动性的结果。

社会与自然界之间的差别在于，自然界不是人类的产物，不是由人类行动创造出来的。尽管社会不是由任何单个人所创造出来的，但却是由社会日常生活的所有参与者创造并重新再创造出来的（虽然这种创造不是发生在**真空中**的）。**社会的生产**（the

production of society）是一个技能性的操作过程，是由人类维持和“实现的”。社会的生产之所以能够进行，就是因为每一个（健全的）社会成员都是一个实践性的社会理论家；在所有日常社会互动中，他通常都以一种自然而然的、习以为常的方式使用社会
21 知识和理论，而且这些实践资源的使用恰好就是日常社会互动产生的条件。社会科学家的理论**并**不能改变这些资源（后面我将笼统地称之为“共有知识”）；相反，在他们的研究过程中，社会科学家还要依赖于这些资源。也就是说，理解社会成员用来进行社会互动的资源，正是社会科学家以社会成员的方式理解他们的社会行动的条件。对于一个访问异域文化并力图记录他们所观察到的行为的人类学家而言，这很容易理解；但是，对于任何一个在熟悉的文化框架内研究人类行为的研究者来说，这一点就不那么容易理解了，因为他倾向于将这些共识视为理所当然的。

在分析哲学和现象学取得的最新发展的影响下，社会学最近变得非常关注这些问题。社会科学与哲学之间早就应该进行相互交流；这一点并不让人感到意外，因为这些广泛的哲学传统——“存在主义现象学”“日常语言哲学”以及后期维特根斯坦哲学——的突出特征就是，再次对人类社会生活环境中的行动、意义和传统习俗问题产生了兴趣。当前对于行动问题的关注，同样存在于正统社会科学中。以“行动参照框架”的形式，“行动”这个术语在塔尔科特·帕森斯的著作中占据着重要位置。至少在其早期著作中，帕森斯就力图在自己的研究中整合“唯意志论的”（voluntaristic）分析框架。但是，像约翰·斯图亚特·密尔（J.S.Mill）一样，帕森斯将唯意志论看作人格

中的“价值内化”，并因此将它等同于心理动机（“需求—倾向”）。**帕森斯的“行动参照框架”中并没有行动（action）的概念**，只有“需求—倾向”或“角色—期待”驱使下的行为（behavior）。舞台搭好了，但是行动者只是根据早就写好的剧本进行表演而已。稍后，在这项研究中，我将进一步阐明这一点的含义。但是，日常行动者发现，很难在这样的理论中找到他们的存在。这难道不奇怪吗？尽管比起任何其他人的思想，帕森斯的思想在这些方面要更加复杂，但在他的思想中，我们并不是在 22
某种程度上能够掌握自己命运的、有熟练技能的和有见识的能动者。

本书第一部分将对一些重要的社会思想和社会哲学流派进行简要和批判性的分析。在抽象的存在哲学层次上，海德格尔（Heidegger）、后期维特根斯坦（Wittgenstein）与舒茨（Schutz）、温奇（Winch）之间存在着明显的联系，虽然这种联系尚未被广泛地认识到。就社会科学而言，后两者的影响并不大；他们之间存在着一个实质性差异：舒茨的哲学与自我（ego）的观点紧密相关，因此坚持认为，对于他人，我们只能得到碎片化的、不完全的认识，因为他人的意识对我们永远是封闭的；而温奇则追随维特根斯坦，并认为，我们对自身的认识也是通过公共的语义范畴来实现的。但是，他们两人都坚持认为，与普通社会成员所描述和说明他们的行动一样，进行观察研究的社会科学家事实上（而且必须）也要依靠舒茨所说的典型化（typifications）来描述社会行为；而且他们都以各自不同的方式强调人类行动中反思性或自我意识的重要性。因为他们的观点差异不大，因此这些观点也存在许多相同的局限。而且我还认为，许多研究“行动哲学”的人也都有这些局限，尤其是像温奇那样受到后期维特根斯坦影响的那些人。“后维特根斯坦哲学”（post-Weittgensteinian philosophy）将我们牢牢地根植于社会中，既强调语言的多重性，又强调语言嵌入社会实践的方式。然而，它也只是到此为止。一种生活形态的支配性规则被视为“破译”或描述行为方式的参数。但是，以下两点仍然很模糊：如何分析生活形态随时间发生的转型；一种生活形态的支配规则又是如何与其他生活形态的支配规则彼此联系的，或者是如何以其他生活形态的支配规则进行表达的。像温奇的批评者——盖尔纳（Gellner）、阿佩尔（Apel）、哈贝马斯（Habermas）——所指出的，这种观点很容易导致相对主义
23 （relativism），不能解答社会学所面临的一些基本问题：制度变迁问题和不同文化的调和问题。

值得注意的是，在某些方面与“生活形态”（语言游戏）相类似的概念经常出现在各种哲学或社会理论流派中，虽然这些流派与维特根斯坦的《哲学研究》并没有太大或太直接的联系。这些概念包括詹姆斯（James）和舒茨的“多重现实”（multiple realities）、卡斯塔涅达（Castaneda）的“另类现实”（alternate realities）、沃夫（Whorf）的“语言结构”（language structures）、巴什拉（Bachelard）和阿尔都塞（Althusser）的“问题意识”（problematics）、库恩（Kuhn）的“范式”（paradigms）。当然，这些概念所表达的哲学立场以及这些作者所要阐明的问题是不同的。他们都在某些方面体现了现代哲学中将意义理论从经验主义和逻辑原子主义中脱离出来的、广泛的运动；但是我们不难发

现，对于分散的“意义世界”的强调会使得意义和体验的**相对性原则**（principle of relativity）演变为深陷恶性逻辑循环的**相对主义**，因而不能解决意义差异的问题。在本研究中，我将力图表明，坚持相对性原则，同时又反对相对主义，不仅是可能的，而且是必要的。这取决于摆脱刚才提到的一些（如果不是大多数）作者将意义世界视为“独立自足的”或不可调和的倾向。正如米德（G.H.Mead）所指出的，从最早的婴儿经历开始，自我的认识就是通过对别人的认识来获得的；同样，对一种语言游戏的学习，对一种生活形态的参与，也都是在学习、拒绝或区分其他生活形态的过程中发生的。无论维特根斯坦的一些追随者如何理解其思想，这一点都与他的观点相一致：一种单一的“文化”在实践活动、仪式、游戏和艺术层面上将多种语言游戏合并起来；而且，对于成长中的婴儿而言，或者对于一个异域的观察者或访问者而言，熟知这种文化就是在不同语言、工具、符号的变动中来把握其调和作用。以一种非常不同的方式，舒茨讨论了在不同“现实”之间变动时产生的“冲击”（shock），而库恩把对新“范式”的忧虑看作一种突然的“格式塔转换”（Gestalt switch）。这种突然的转换当然会发生，但是普通社会成员却能够习惯性地在不同的语 24
言和行动秩序之间进行转换，科学家也在理论反思的层面上进行着这种转换。

帕森斯认为，现代社会思想中最一致的观点是“价值的内化”（internalization of values）；涂尔干和弗洛伊德（Freud）分别认识到了这一点。而我认为，这个最一致的观点是作为社会（和**语言**）之基础的反思性观念；米德、维特根斯坦、海德格尔及受其影响的伽达默尔（Gadamer）从不同的视角分别得出了这样的结论。在具有实证主义倾向的社会理论流派中，自我意识总是被视为一种微不足道的障碍；这些理论流派力图用外部观察来代替“内省”的方法。这些理论流派认为，行动者和观察者“对意识的阐释”具有“不可靠性”，并据此反对使用理解的**方法**（verstehen）。他们认为，对意识进行直觉或者移情式理解仅仅是关于人类行为的**假设**的一个来源（这个观点甚至得到了韦伯的回应）。在 19 世纪和 20 世纪早期的人文传统中，理解首先被认为是一种方法，一种研究人类活动的方法，一种依赖于“重新体验”或者“重演”他人体验的方法。狄尔泰（Dilthey）就持这样一种观点；韦伯后来虽然进行了修订，但也持这种观点。这种观点很容易受到实证主义反对者的责难，因为狄尔泰和韦伯试图以不同的方式主张，“理解的方法”产生了一种“客观的”证据，而且这些证据也因此在主体间性上是可证实的。但是，这些作者所说的“理解”不仅仅是一种理解他人行为的方法，也不仅仅要求以某种神秘或模糊的方式对他们的意识进行移情式理解：**理解正是人类社会生活的本体性存在条件**（ontological condition）。这是维特根斯坦和某些存在主义现象学的核心洞见；自我理解与理解他人是有机地联系在一起的。从现象学的意义上来说，意向性（intentionality）不是不可言说的心理体验的表达，而是**必然**依赖于语言的沟通，因此是以特定的生活形态为前提的。要理解一个人的行为，只有理解其他人的行为才行，也就是说，只有能够描述其他人的行为，才能够理解某一个人的行为；反之亦然。这是一个语义学问题，而不是移情问题；作为人类的特性，反思性紧密而内在地依赖于语言的社会性。

语言首先是一种象征系统或符号系统。但是，它不只是，或者从根本上说不是，一个“可能存在的各种描述”的结构——它是社会实践活动的中介。正如海德格尔之后的存在主义现象学所清楚阐明的那样，对“可说明性”（accountability）进行组织和安排是社会生活的基本条件；就像沟通行动产生社会一样，在沟通行动中，“意义”也是行动者的技能性行动的产物——被视为理所当然的；但是，因为行为者并没有完全将此视为理所当然的，这种结果才会产生。普通行动者在沟通行动中所创造出来的意义，不能简单地用词典界定的含义去理解，也不能忽视情景依赖性而仅仅从形式逻辑框架中进行转录。而这正是某些社会科学所采用的、以为很精确的“测量方法”的一个可笑之处；我们不难理解普通大众对这些测量方法的憎恶，因为这些范畴经常显得非常陌生和牵强。

在本书中，我将讨论社会理论和社会哲学中的一些思想流派，包括舒茨的现象学以及阐释哲学和批判理论的近期发展等。如果我有所借鉴的话，我将阐明我从每一个流派中所吸取的精华，我也将力图说明它们的某些缺点。然而，我并不想把这本书写成一本综合性的著作；此外，当我特别关注几种相似的当代社会思潮时，我的目的不是要表明存在一个最终将为社会学建立一种可靠的逻辑框架的、内在的发展过程。虽然我的分析也涉及当代思潮中的一些其他观点，但是我却没有详细分析；这里，我指的是**功能主义**、**结构主义**和**符号互动论**——虽然这些标签所涵盖的观点十分多样，但是它们都有自己独特的核心主题。在此，我只想粗 26

略地表明本书所提出的观点为什么不同于这些理论传统。

我认为，功能主义存在四个方面的实质性缺陷，起码涂尔干和帕森斯提出的功能主义是这样的。其中一个缺陷，我前面已经提及：将人类的能动性化约为“价值的内化”。第二个缺陷：由于第一个缺陷，没有将社会生活视为社会成员行动的**积极建构**。第三，将权力视为**次要**现象，而孤立地将规范或“价值”视为社会活动的最基本特征，并因此视为社会理论的最基本特征。第四，没有在概念上认识到规范的**可协商性的**重要性；但是，社会中相互区别和相互冲突的**利益**会产生相互区别和冲突的“阐释”，因此规范也具有可协商性。我认为，这些失败非常严重，以至于它们破坏了调和功能主义与其他不同视角从而拯救功能主义的所有努力。

“结构”这个词的使用与“结构主义”并没有任何特别的关联，就像“符号”这个词与“符号学”没有特殊的关联一样。毫无疑问，我坚持认为，在社会理论中，“结构”是一个必要的概念，而且后面我也将使用它。但是，我想把我对这个概念的使用与英美功能主义和法国结构主义的结构概念区分开来：英美功能主义中的“结构”概念是一个描述性概念；而法国结构主义的“结构”概念是一个还原主义的概念。我认为，这两种使用“结构”的方法在概念上都排除了能动主体。

在这三种理论流派中，符号互动论是唯一一个强调将主体视为有熟练技能、有创造性的行动者的流派。尤其在美国社会理论中，几十年来，符号互动论一直是功能主义的主要竞争对手。从某种重要的意义上来说，米德的社会哲学是围绕反思性——“主

我"（I）和“客我"（me）之间的相互关系——构建的。但是，即
使在米德自己的著作中，“主我”的**构成性**活动也没有受到重视。
更准确地说，米德专注的是“社会性自我"（social life），对“社
会性自我”的强调在他追随者的著作中更加突出。由于“社会性
自我”很容易被重新解释为“社会决定的自我”，符号互动论可
能产生的影响大部分已经消失了；从那以后，符号互动论和功能 27
主义之间的差异也已经变得不明显了。这就解释了为什么这两个
理论流派能够在美国社会理论中走到一起：符号互动论——从米
德到戈夫曼（Goffman），符号互动论就缺乏制度和制度变迁理
论——和功能主义之间的差别常常仅仅被视为“微观社会学”和
“宏观社会学”之间的劳动分工。然而，在本书中，我想强调的
是：行动者对社会的建构（或者，我也会经常说，社会的生产和
再生产）和社会对作为其成员的行动者的建构之间的关系问题，
与微观社会学和宏观社会学之间的划分完全无关；这个问题存在
于所有这种划分中。

第一章　若干社会理论和哲学流派 28

本章将讨论若干的思想流派，其多样性最初可能令人感到迷惑。然而，它们都关注某些共同的主题，而且相互之间有着特定的关联。从某种意义而言，它们都关注与“阐释性理解”人类行动相关的语言和意义问题。我无意具体分析借鉴这些流派以及与它们联系在一起的那些知识传统。但是，我们很容易就可以看出三种此类知识传统。最久远的是**人文学科**或者“阐释哲学”（hermeneutic philosophy）传统，在德国，这一传统可以追溯到18世纪。当然，这一传统丰富而又复杂。作为一个独特的思想流派，它们的共同点是，在研究人类行为时，它们都赋予**理解**这一概念以核心地位，而且一直强调社会科学与自然科学在研究问题上存在着根本差异。马克斯·韦伯深受这一传统的影响，尽管他同时也对这一传统进行过激烈批判。在很大程度上，正是通过韦伯的著作，“**理解**”这一词才为英语世界的社会科学家所熟知。在这里，我并不想对韦伯的“阐释社会学”进行评论，因为对它进行批判性分析的文献已经大量存在。另一个原因是，我认为，从其后的方法论哲学的发展情况来看，韦伯关于理解和阐释行动的讨论大部分已经过时，这一点在后来已变得越来越清楚。

29 第二种思潮源于后期维特根斯坦思想的影响——也许这种思潮出现的年代太近以至于不能被称为一种“传统”。这种思潮深受英美哲学及其后来发展的影响，可以统称为奥斯汀（Austin）所说的“日常语言哲学”（ordinary language philosophy）。这些追随维特根斯坦或奥斯汀的学者与欧洲大陆的阐释学几乎没有什么关系。但是，现在看来，就关注的问题和解决问题的方式而言，它们之间存在着明显的交叉。

本章将讨论的第三种思潮是经常出现的现象学。现象学在一定程度上是上述两种思潮的中介。它们之间的复杂联系可以概述如下：舒茨深受胡塞尔的影响；但是，舒茨将胡塞尔和韦伯结合了起来，并因此间接地与**人文学科**联系起来。随后，加芬克尔（Garfinkel）又以舒茨的思想为起点，并将舒茨的思想与维特根斯坦和奥斯汀的观点联系起来。维特根斯坦的《哲学研究》极大地激发了温奇的思想。正如下面将提到的某些学者所指出的，温奇的观点与当代阐释哲学的领军人物伽达默尔的观点之间有着明显的相似性，而伽达默尔的思想又深受以海德格尔为代表的现象学传统分支的影响。

存在主义现象学：舒茨

事实上，英语世界的社会科学研究者只是最近才发现了现象学。至少在过去的大约二十年里，现象学哲学家的著作才得到普遍关注。但是，胡塞尔和韦伯的思想产生于同一时期；在帕森斯发表《社会行动的结构》时，舒茨就在力图发展两者的理论观点[1]。我

们所说的“现象学”并不是一种单一的、统一的思想体系。胡塞尔 30
有许多优秀的追随者，但他们中很少有人与他走相同的路。虽然我不会详细论述舍勒（Scheler）、海德格尔、梅洛-庞蒂（Merleau-Ponty）或者萨特（Sartre）等人的哲学方法之间的区别，但是我们还是应该记住：现象学传统内部存在很大的多样性。

至少在其早期著作中，胡塞尔的主要目的是要建立一套超越经验知识的哲学框架。在布伦塔诺（Brentano）所使用的意义上，所有的意识都是“意向性的”（intentional）。当然，这里所说的“意向性的”并不是我们日常英语中所说的“有意向的”（intended）。布伦塔诺将他的思想追溯到经院哲学家那里：意识总是指向构成该意识的对象。因此，认识论包含着本体论，知识意味着存在，而且，离开了意识的指向，“客观”（尽管不是“真实的”）事物也就缺乏任何意义。通过“感性材料”这个核心观念，经验主义在某种意义上认识到了这一点，但在胡塞尔看来，经验主义没能阐明思想是如何从特殊发展到一般、从具体经验发展到抽象范畴的。一个抽象的概念不能等同于任何特殊的事物或事件，也绝不是特定数量的事物或事件的总和。在“观念的一般性”和具体的“个别性”之间存在着绝对的差异。意向性包含着“观念化行为”，它完全不同于被关注的对象本身。因此，这种意向性才是胡塞尔的旨趣所在，因为如果我们在**悬置**（epoché）中将所有经验的特殊性“搁置起来”（bracket），我们似乎就能够洞察到意识的本质。因此，在对超验现象学的探求中，为了揭示纯粹形式的主观性，早期胡塞尔就将“生活世界”（lived-in world）和“自然态度”（natural attitude）——我们在日常生活中对物理世界、他人和自己所做的日常假设——看作必须清理掉的废旧品。由此出发，在从最本质层面上观察存在的方法的帮助下，我们可以不带偏见地重新理解真正的历史世界，我们能够重构历史世界本来的复杂性。

31 然而，问题在于这个历史世界拒绝被重构。我并不想详细论述这一点，因为这其中遇到的困难众所周知；然而，这个问题的确促使胡塞尔在后期的著作中修正了他的某些观点。如果我们逃离这个世界并进入到与这个世界没有任何联系的“独立的意识领域”，那么，我们如何从哲学上确认这个世界的存在呢？也许，为了洞察到事物的本质，“自然态度”并不是我们必须清除的一种障碍。的确，在其后期著作中，胡塞尔开始关注“生活世界”，而且特别努力地将“自然态度”与科学态度区分开来，并试图表明：虽然后者可以假装脱离前者，但事实上却是离不开前者的；而在早期著作中，他将两者都超验地**悬置**起来了。但是，我们不能认为胡塞尔彻底改变了其前期观点，虽然也有些批评者曾经这样认为。胡塞尔对“生活世界”的强调已经使他更接近历史现实了；但是，他的分析仍然停留在超验哲学的层次上：世俗的存在将从现象学的角度上被构建。主体间性的“问题”仍然很难处理；这一点仍然很难理解：他人（甚至与“超验自我”相对的具体自我）仅仅是另一个意识的意向性反映。

自西方哲学摆脱了僧侣神学统治以来，下面这种观念就深深地扎植于西方哲学中：对确定性（certainty）——不受预设影响的知识——的追求，不仅仅是必需的任务，而且是只能通过检查个人意识才能完成的任务。然而，认为确定性知识优于其他知识类型（关于“外部”世界或他人的）的主张引发了一场艰苦的努力，从而将其他的知识类型视为模糊的、附带性的知识。因此，对胡塞尔来说，意向性就是主客体之间的内在关联；整个现象学的还原（phenomenological reduction）也是以意向性概念作为起点的，认为自我可以通过华丽的思维运动摆脱经验世界。胡塞尔提出意向性概念，旨在回应他不能接受的、之前的意义和体验理论中存在 32
的各种假设；在这一过程中，他完全抛弃了意义（sense）和指称（reference）之间的区分，并采用了能够产生意义的“观念化行为”（ideational act）这个概念。许多评论者对此提出了疑问；他们认为，应该对胡塞尔的意向性思想进行修正。赖尔（Ryle）这样评论道：

> 由于这种说法似乎是合理的（如果不是不言自明的）：无论我是否知道事实，我所知道的就是事实，因此，对意向性概念进行了修正的现象学未必终结了形而上学的自我中心论，而且相对于逻辑学、物理哲学等哲学分支而言，也未必具有优越性。[1]

然而，这就产生了这样一个问题：这究竟还是不是现象学？这个问题的提出并不是一时兴起，因为胡塞尔的大多数追随者都放弃了建立超验哲学的目标，而变得对“生活世界”中的人类体验感兴趣：从对本质（essence）的兴趣转变为对存在（existence）的兴趣。这在很大程度上穿透了胡塞尔的思想体系，并返回到了这个思想体系的起点，即布伦塔诺所说的对自我体验的描述。但是，布伦塔诺关注的是自我的心理学，而不是舍勒尤其是海德格尔和萨特等人所关注的世界中的自我（self-in-the-world）。将胡塞尔和存在主义者的思想体系结合起来的做法导致了强烈的反理性主义倾向；这种倾向在萨特的早期哲学中尤为明显，因为他的早期哲学是一种关于单独个体的哲学；其中，“虚无与存在**交织**在一起”[3]。当然，在萨特后期的《辩证理性批判》中，这种倾向也没有完全消失；虽然萨特的思想非常宏大，但是在调和人类存在的非理性和历史的非理性方面，或者说在调和本体性自由和历史必然性方面，萨特并没有取得什么进展。

在胡塞尔的主要信徒中，只有舒茨在其职业生涯中始终追求运用现象学的概念来解决社会学中存在的问题，也只有舒茨一生都在坚持一种彻底的理性主义立场，认为现象学能够为一种成
33 熟的社会行为科学提供基础，而且必须这样做。尽管舒茨对超验自我（transcendental ego）保持着一种应有的尊重，但是，他的研究实际上旨在发展一种关于生活世界的描述性现象学。主体间性不是作为现象学问题而出现的，而是作为社会学问题而出现的（我后面将表明，这个问题并没有得到满意的解答）。舒茨关注的是“自然态度”本身；这与胡塞尔的“悬置”完全不同。“自然态度”没有假设要**悬置**对物质世界和社会世界的信仰，而是完全相反：我们要相信，事物就是它所呈现的样子。这就是“自然态度的**悬置**”[4]。在舒茨的第一本也是最重要的著作中，他从韦伯对“有意义的行动”的阐述开始，试图表明：韦伯的论述虽然在很多重要的问题上是正确的，但仍然需要通过研究自然态度进行补充和扩展，或者说通过研究舒茨经常说的“常识世界”（common-sense world）或者“日常世界”（everyday world）进行补充和扩展。舒茨认为，韦伯的社会行动概念“绝不是一种简单

的事物，虽然韦伯也这样认为”，相反，仅仅是“一个需要进一步研究的、极其复杂多样的研究领域的标签”[5]。这里还有两个问题有待回答。第一，如何理解韦伯的这种说法：与本能性“行为”（behavior）相反，在行动（action）中，行动者对自己的行为“赋予意义”？第二，在社会行动中，行动者如何体验同样具有自己主观体验、作为独立个体存在的他人？

对于第一个问题，韦伯认为，在一个人实施某个行为（比如，伐木）的时候，我们可以通过“直接观察”来理解其行动的意义。在舒茨看来，韦伯在这一点上是错误的，因为将这个行为称为“伐木”时就已经对它进行阐释了。这是“客观意义”，即将观察到的行为放在更大的阐释背景中进行阐释。而且，韦伯对有意义的行动的讨论也没有考虑到这个事实：行动是一定时间段内的经历；从行动者的视角来看，行动具有柏格森（Bergson）所说的绵延（duration）：它是一种“经历过的”经历。由于韦伯没有考虑到这一点，他就没有看到行动概念的模糊性，即它既可以指主观体验本身，也可以指已经完成的行为。假设我们可以对正在经历的行动“赋予”意义，是不正确的，因为我们正沉浸于行动本身之中。对经历“赋予”意义，意味着行动者或其他人对这个举动 34
进行了反思性考察，只能被回顾性地应用于过去的举动上。因此，经历具有内在意义的说法，也是误导性的：“只有已经经历过的才有意义，正在经历的是没有意义的。”

对行为进行反思性分类依赖于找出行动者所要达到的目的或计划：一旦完成，一项计划就由持续变化的经验流变成一种已经完成的事件。正是从这个意义上，舒茨批评韦伯没有将行动的计划——以未来成果为取向——与行动的“理由”动机区分开来。计划，或者“目标”动机，本身并没有什么解释性价值。谈到下雨天撑伞的行动时，舒茨解释说：

> 撑伞的计划并不是这个行动的原因，而只是一种设想的预期。反过来说，这个行动可能会完成这个计划，也可能不会完成这个计划。比较而言，对下雨的感知不是什么计划，与判断没有任何“关联”。“如果我淋雨，我的衣服会被淋湿；这不是我希望得到的结果；因此我必须采取行动来避免这种情况。”通过我的意向性行动（注意：这个词是从现象学意义上使用的），这种联系就产生了；而且，我的意向性行动涉及我过去的所有体验。[⑥]

在舒茨的著作中，“相关性”（relevance）这个概念非常重要。在所有的行动过程中，我们都可以对“主题”（theme）和“视域”（horizon）进行区分；前者是指与特定计划相关的、对所关心的情境或行动的主观评价因素，而后者被认为是与行动者所要达到的目标不相关的那些情境因素。[⑦]舒茨认为，由于能动者相互交织或相互重叠的计划呈现层级性，生命过程包含着相关性系统的不断转换：流动的生活经历可以通过一系列相互交织的主题和视域进行分析。因此，读完一本小说的计划可能被打断，因为要放
35 下书本去工作；读完小说的行为计划因此被推迟或搁置，但仍然可以随时重新开始。“我们在不同程度上拥有不同层次的人格，我们也拥有一个实际的相关主题和许多边缘性的相关主题。”[⑧]

舒茨认为，从现象学的角度来看，对他人行为的理解可以被视为一种**典型化**过程（typification）加以考察；在这个过程中，行动者运用习得的阐释框架来理解他人行为的意义。最核心的社会关系是能对他人进行直接体验的社会关系，即“我们关系”（we-relationship）；行动者在日常社会生活中运用的其他所有社会形态概念都源于这种社会关系。在所有的面对面接触中，行动者都在使用“现有的知识”库存或“常识理解”，从而对他人进行典型化，估算出他人对自己的行为可能做出的反应，并维持与他人的交往。“在详加考察之前”，行动者想当然地认为“知识库存”（stock of knowledge）是“备足的”；“无论环境如何变化”，它们“完全是不言自明的；在任何时间和任何情境下，行动者都轻易地使用它们”。知识库存是实用性的。因此，在日常的社会行动中，行动者就拥有许多对他人做出反应的现成的方法；但是，如果研究者询问的话，他们通常不会把它们视为有意识地建构的“理论”[9]。然而，除了“同伴”（consociates）领域——“我们关系”——之外，还有一些人也作为“同辈”（contemporaries）出现在行动者的意识中；行动者听说过或者知道这些人，只不过没有直接接触过；还有一些人作为“前辈”（predecessors）出现，即那些在他们出生之前生活过的前代人。在舒茨的大部分著作中，他集中关注的是“我们关系”，因为舒茨认为，正是通过分析这些“我们关系”，同辈关系和前辈关系才能得到阐明。他说，社会领域之间不存在任何清晰的界限：它们之间可以相互渐变。在舒茨看来，用于理解他人行为的知识库存构成了不同的“特定意义领域”或“多重现实”，并在其中发挥作用。在不同的意义领域之间进行转换，是社会成员日常能力

的一个组成部分：例如，从劳动的功利世界转换到宗教的神圣世界或
36 者休闲游戏世界。但是，这种注意力和反应的转换通常也会变为行动者经历的“震惊”（shock）——不同世界之间的断裂。

普通社会成员的相关性因素是为了完成日常社会生活的实际任务；另一方面，社会学研究者的相关性因素则纯粹是“认知性”或“理论性”的[10]。舒茨认为，阐释社会学的方法就是对行为的“典型模式”进行理论建构，从而阐明行动的主观基础。他说：“每一门社会科学，包括阐释社会学……都将它们的主要目标定为：尽可能地阐明生活于其中的人们是如何认识这个社会世界的。”[11]社会科学所建构的概念都遵守“适当性原则”（principle of adequacy）。舒茨将这些概念称为“二阶”建构（second-order constructs），因为它们必须与行动者本身在建构有意义的社会世界时所使用的概念相关。正像舒茨所指出的，适当性假定认为，社会科学概念的“建构应该遵循这个原则：在生活世界中，某个行动者根据典型化建构而采取的行动，不仅可以被行动者自身所理解，而且也可以通过日常生活的常识性阐释而被其同伴所理解”[12]。

我在后面会讨论舒茨存在主义现象学的各种优点，现在，我将首先关注它的不足。

舒茨对意向性、时间意识和行动的大部分讨论都是直接以胡塞尔的思想为基础的；舒茨虽然放弃了胡塞尔本人的现象学纲领，但与自我的主观性存在着本源性关系，而后者正是胡塞尔超验现象学的特色。对舒茨而言，“严格地讲”，社会世界就是“我的世界”：或者，用他的学术性语言来说，世界“本质上说，不过是

自我意识的意向性的产物，存在于自我意识的意向性之中”[13]。因此，重构“外部世界”的过程中意向性意识所带来的问题，尤其是在主体间性方面产生的问题，不断地出现在舒茨关于社会世界的现象学中。舒茨将现象学还原作为起点，就无法将社会世界重构为客观世界。这一点尤其体现在他关于“同辈”和“前辈”的、站不 37
住脚的阐释上，因为在舒茨的分析中，它们仅仅出现在行动者的意识中。因此，“初看起来是自我与前辈的社会关系，结果证明不过是自己单方面的意识取向而已”[14]。对于前辈的行为可能直接影响其后代的情况，舒茨只能举出遗产作为例子！但是，正如涂尔干非常准确地指出的，代际之间遗留的远不止财产而已；社会领域不能在超验的意义上从意向性意识中建构出来。实际上，舒茨自己也承认这一点；但是，在对胡塞尔的著作进行阐释时，他却没有解决主体间性这个遗留问题。舒茨说，要推进社会世界的研究，我们必须“不再恪守现象学方法”：我们必须“从接受社会世界的客观存在开始”[15]。

尽管韦伯对“主观上有意义的行动”的阐述也许不能令人满意，但是，他至少一直强调特定行动可能对他人造成的“客观后果”在社会学分析中的重要性，无论这种后果是有意识的还是无意识的。舒茨的著作却没有关注这个问题；他的全部分析都旨在阐明行动的条件，而不是它的结果。韦伯不断强调的权力分化，在舒茨那里几乎没有得到回应。韦伯完全正确地强调，社会分析绝对不仅仅包括“阐明生活其中的人是如何思考社会世界的”——还要考察行动的意外后果，以及与行动者意识无关的行动条件。

舒茨对“目的”(in order to)动机和“原因”(because)动机进行区分，是要重新阐述韦伯对直接性理解和解释性理解的区分。然而，虽然舒茨揭示了韦伯观点的不足，但是他自己的观点也没有更让人满意。因此，“原因”动机被用来解释下面两个例子：“一个人成为杀人犯是由于受到了他的同伴的影响”[16]；一个
38 人撑开了雨伞，因为他遵从了这样一个原则：“如果我淋雨的话，我就会被淋湿，我很快就会感觉难受。防止这种结果发生的方法就是撑开雨伞，而且这就是我要做的。”[17]但是，后面这个例子隐含着一连串的实践性推理；而前者却没有这种一连串的实践性推理，而是仅仅关注他人的行为对行动者产生的影响。这至少表明，除了舒茨所说的“目的”动机和“原因”动机的区分，我们还必须区分出行动者采取特定行动时所运用的反思性推理。

最后，舒茨关于“适当性假定”的阐释也难以令人满意。舒茨认为，只有当“典型化建构”所描述的行动模式能够“被行动者自身以他自己的概念所理解”时，社会科学理论术语才是“适当的”。但是，这种说法的意思根本就不清晰。如果这个说法只是说，社会学概念无论多么抽象，最终必须与有意义的行动的具体形式相对应，那么这种说法几乎就等于没说。另一方面，如果这种说法意味着，社会科学的专业性概念必须能够转换成它所指涉的那些行动者所理解的概念，那么，我们就很难说明为什么需要这样做以及如何才能做到——正像舒茨所指出的，这就意味着建立社会学概念的旨趣和标准不同于相关的日常概念。

我并不认为，仅仅因为很多学者都将他们的研究称为“现象学的”或者都借鉴了胡塞尔的学说，我们就可以明确地说现象学

社会学是“可能的”或者“不可能的”。然而，我的确认为这种说法是正确的：舒茨的著作中出现的一些核心难题，已经在胡塞尔的超验现象学中出现了，虽然在后者的著作中这些难题出现的形式和程度不同。这些难题包括：自然世界或者社会现实中，“事实性”（facticity）意义上的“外部”现实是如何被现象学地构成的；所谓的“他者问题”（主体间性问题），这个问题不仅出现在超验 39
自我的层次上，而且也出现在将集体解释为“超个体”结构的世俗层次上。

常人方法学

我们可以说，尽管现象学的观念在社会学中产生了一定的影响，但现象学却是一门正在枯朽的哲学。在大陆哲学家中，战后盛行的存在主义（它的成功总让人感觉有点**暴发户**的味道）很快消退了；他们的兴趣转向了其他领域，并发展出新的视角。英美哲学家一直与现象学保持距离。尤其在英国：与大陆“现象学存在主义”相对应的是英国的日常语言哲学；前者混杂着晦涩的专业术语和致命的道德忧虑，后者则表现出英国绅士的悠闲高雅和自命不凡。“日常语言哲学”首先与奥斯汀以及其他战后牛津哲学家紧密相关，而且也有别于被称作“分析哲学”这一更广泛的范畴。今天，这种哲学即使没有完全过时，也已在衰退之中。因此，像一些社会科学家对现象学的接纳一样，那些将注意力转向日常语言哲学的人，显然也在力图向一个病体注入新的生命力。在常人方法学中，我们可以看到同时借鉴这两种哲学观点的一种尝试。也许有人会认为，复兴并整合两种（而不是一种）垂死的哲学，是不可能产生对社会科学有价值的东西的。但是，这种看法是不公正的：与其思想起源相比，常人方法学更加具有原创性和煽动性。

我们在前文已经指出了这两种哲学流派之间的差异，而且它们几乎没有相互影响，但它们还是存在某些共同之处。这两种哲
40 学流派都在研究日常世界，即与科学家的世界相对立的普通人世界（奥斯汀曾经把其工作称作“语言现象学”，尽管这种说法非常别扭）。至少从其非本质主义的形式上看，现象学认为，不能像大多数古老的哲学传统那样耻笑或者摒弃“自然态度”；对自然态度的耻笑和摒弃在实证主义哲学中尤其明显。相反，为了反驳以前的哲学家所犯的一些错误和张狂，常识必须被视为思想和实践的宝库。在这里，奥斯汀和维特根斯坦哲学之间还存在一个重要的共同点：它们都属于英国哲学中“第二次革命”的总体思潮。[18]

然而，似乎是舒茨的思想为加芬克尔形成自己的思想提供了最初的动因，虽然加芬克尔还明确承认了帕森斯的影响。[19] 对于舒茨所产生的影响，一个很好的证明是：在加芬克尔一篇相对早期的文章中，他讨论并试图详述舒茨关于社会行为中理性的性质的观点。这篇文章的观点是以加芬克尔对“科学理性”与常识理性或“自然态度”所做的区分作为基础的。[20] 所谓“科学理性”，他指的是韦伯对理性行动的分析所暗含的立场，涉及将明确的“手段—目的”原则运用到对社会行为的解释中。从这个角度来说，动机性行动可以使用观察者的原则进行解释，而观察者的原则可能（而且通常）非常不同于行动者本身在确定其行动的方向时所使用的原则。结果是，很多人类行动似乎都是“非理性的”，而“理性行动”似

乎是微不足道的。如果我们不认为只存在一种可以阐释社会行为的理性标准，而是认为存在多种行动者可以使用的理性，那么，理性行动就不再仅仅代表一种特殊的类型了。继舒茨之后，加芬
克尔区分出多种“理性”；这些理性都与日常生活所关心的实际问 41
题相关，而不是与社会科学所关心的问题相关。另一方面，社会科学中所使用的理性标准——例如，应该被精确定义的、尽可能概括化和“情境独立的”（context-free）的概念——并不是普通行动者所感兴趣的。

下面这样一种隐含的假定经常以不同的形式出现在加芬克尔的著作中：作为实践性的社会理论家，日常行动者力图将他的经历组织起来，以维持其“世界（自然世界和社会世界）就是如此”的假定。

> 对于实际的事物和预料的事物之间可能出现的各种关系——比如，两者之间不确定的对应关系——日常行动者期望它们之间存在确定的对应关系。他认为其他的人也或多或少地持有同样的预期；他还认为，像他本人对他人的预期一样，他人也认为他持有同样的预期。[21]

社会科学研究者的态度与这种态度相反：不能认为事物就是它们看起来的那样；他们的态度（理想地说）不能受到支配“自然态度”的实际需求的影响。科学家和日常行动者的这两种态度毫不相干，而且存在根本不同。因此，在运用韦伯的阐释社会学模式来“理解”社会行动时，我们遇到了很多困难。

因此，行动者所经历的社会生活不能被看作为了符合“科学态度”所说的理性标准而进行的一系列苍白的努力；完全相反，应该被视为与这些标准毫不相关的一系列绚烂多彩的表演。虽然这种观点的起点可能是舒茨的现象学，但是最终却朝着不同的方向发展。加芬克尔对发展舒茨所喜爱的动机分析不感兴趣，他所关心的是行动者在日常生活中是如何**实现**“自然态度”的。加芬克尔认为，常人方法学的基本观点是：“成员形成和操持组织
42 化的日常生活情境的活动，与他们使这些情境具有‘可说明性’（accountable）的过程，是同一个过程。”他指出，社会实践“开展所依赖的、作为事件而发生于其中的日常生活，与它们所描述和组织的日常生活，是一样的”[22]。这个观点使加芬克尔脱离了现象学及其对主观体验的（本质主义或存在主义）首要性的笛卡尔式强调，并转向了被“广泛地”视为语言形式的“情境性行动”（situated actions）的研究。不难看出，他研究的方向正在转向奥斯汀和后期维特根斯坦。这种“言内行为”（illocutionary acts）的概念，或者维特根斯坦所说的“言语也是行为”[23]，虽然只是一个描述性概念而不是一个哲学概念，但却与加芬克尔的观点非常一致。

但是，在陈述常人方法学所关注的问题时，加芬克尔很少使用上面提到的这些哲学家的术语，而是使用了“索引性”（indexicality）和“索引性表达”（indexical expression）等概念；这些概念来自巴-希勒尔（Bar-Hillel），最终可以追溯到皮尔斯（Pierce）。最初，皮尔斯创造了“索引性符号”概念，用来说明这种事实：在不同的情境中，同一个象征符号会有不同的意义——在不同的情景中，“相同的”语义元素可以表现为不同

的象征符号（反之亦然）。巴-希勒尔认为，一个人在他的一生中创造的陈述性“语句—象征”中，90% 都是索引性表达：“显然，大部分包含时态动词的句子都是索引性的，更不用说包括‘我’‘你’‘这里’‘那里’‘现在’‘昨天’和‘这个’等词语的句子了。”[24]加芬克尔认为，日常话语中的这种表达，正是社会成员赖以组织社会活动和进行社会实践的保证；但是，对于社会科学研究者而言，它们却是对社会活动进行描述的障碍。在社会科学中，大部分关于研究方法的正式讨论所关心的都是“修正”索引性表达，并试图对这些表达进行重新表述以摆脱它们的索引性特征。但是，日常话语中索引性表达的使用意味着行动者能够使用被视为理所当然的知识，来定位这些表达的意义。这种意义并不是给定的，而是依赖于行动者的反思性阐释：这种反思性阐释是 43
意义的构成要素。行动者认为这种反思性是毋庸置疑的，而且利用这种知识“完成”所有的社会行为。“社会成员了解、需要、依靠并使用这种反思性来形成、完成、识别和证明：他们的行动过程和结果对实践性目的而言具有充分的合理性。”[25]在两个或更多人以上的谈话中，现象的“可说明性”是各个参与者相互“作用”的结果：这可以被视为一组“注解实践”（glossing practice）；在这种实践中，“特定的情境性谈话中的谈话者所表达的意思，不同于他们在这么多词汇中所可能表达的意思”[26]。

这种分析对语言学具有明确而重要的启示；长期以来，语言学明确地认为，“语义”不能在语言的结构性特征中进行理解；这种结构性特征被视为一种“符号”“词汇”甚至“语句”构成的抽象而独立的体系。这种观点深刻地影响了一个广泛的思想运动；这一思想运动从维特根斯坦、奥斯汀和赖尔的著作中获得了重要的动力，并且要从此前罗素（Russell）的描述理论——以及卡尔纳普（Carnap）“将整个现实表述为一个逻辑结构世界”的雄心——所代表的思想中分离出来。尤其是，奥斯汀的思想倾向于对日常谈话中词汇的意义进行详尽的描述性分析；对后期维特根斯坦的某些阐释也有这种倾向——当然，这种观点主要是为了解决，或者说消解，哲学的某些传统问题。无论关于哲学任务的不休争论是对是错，我们都可以像加芬克尔那样，认为维特根斯坦的后期研究可以被视为“将哲学家的讨论视为对索引性现象进行的考察，而且……虽然描述了这些现象，却没有思考如何进行修正”[27]。这种观点与加芬克尔对常人方法学的目标的界定相关，而且与语言哲学家的思想有着明显的关联，语言哲学家已经认识到：“和通常的观点不同，语言沟通的单位并不是符号、词汇或语句，
44 也不是符号、词汇或语句的象征，而是在实际的语言行动中符号、词汇或者语句的产生或形成过程。”[28]但是，在这些哲学家和语言学家中，大部分仍然将言语视为抽象的个体行动者的产物，或者认为言语与同样抽象的语言规则或传统相关，而没有将言语视为人们的情境性谈话过程。正像加芬克尔、萨克斯（Sacks）、谢戈洛夫（Schegloff）等人的研究所表明的，这种差异具有深刻的含义。言语所传达的意义是在实际交谈中进行的，是以具体时空中“谈话过程”的方式进行的：谈话是对谈话本身进行注解或说明的方式，因此也是对谈话中言语内容的意义进行注解或说明的方式。

如果加芬克尔的观点的确与语言学相关，那么，他的观点与社会学又有什么关系呢？对加芬克尔具有强大吸引力的一个回答

是，正如哲学对世界漠不关心一样，常人方法学对社会学也漠不关心。因此，我们被告知："常人方法学研究并不是要提出或提倡什么修正方案"；"即使常人方法学研究正在准备关于社会学研究方法的指南，但这个方法**绝不是**对'标准程序'的补充，而是与之完全不同的方法"；而且常人方法学研究也不"参与或鼓励随意的理论探讨"[29]。这些陈述似乎具有双重含义。首先，常人方法学的目标就是使社会实践本身的可说明性变得可以被说明，而不是以理论的方式来"修正"索引性表达，即不会在一般的层次上对这些实践进行分类或解释。其次，为了他的研究目的，常人方法学家不会区分社会普通成员在日常生活过程中所做的社会学与专业的社会科学家所从事的社会学。尽管后者的"修正纲领"比前者更有抱负，但是，像其他可以被理性地说明的社会行动一样，社会科学也是实践的产物，也可以被理性地说明。这种观点会被简单地认为是在提倡某种社会学的社会学；为了避免这种看法，加芬克尔赶紧补充说，他所说的"建构性分析" 45
（constructive analysis）或者正统社会学与常人方法学之间存在不可调和的旨趣差异；这似乎是因为后者仅仅是要对现实中的各种索引性表达进行描述性研究。这被认为是"常人方法学的中立"（ethnomethodological indifference）态度。

由于加芬克尔的观点与那些使用"常人方法学"术语的人的观点存在明显的差异，所以，"常人方法学"无法轻易地被当作一个整体进行评估。然而，如果常人方法学与社会学之间真的存在逻辑鸿沟的话，那么包括加芬克尔本人在内的一些作者所坚持的"常人方法学的中立"态度实际上很难用简单的漠不关心来概括。

如果我们还记得舒茨的思想及其“重构”社会学的计划对加芬克尔的影响，我们就不会对此感到奇怪了。加芬克尔的思想实际上充满了“建构性分析”，因此很难说他对这种分析漠不关心。下面这个例子就有明显的舒茨印记：“日常生活中熟知的常识世界……对社会学家所宣称的适当性解释发挥着奇怪的、顽固的、统治性的影响。”[30]无论如何，我都想说，像社会学不能再对常人方法学漠不关心一样，常人方法学也不能再对社会学漠不关心。如果这一点还不明显的话，至少部分地是因为包括加芬克尔在内的大多数作者都将逻辑上相互分离的一系列问题搅和在一起了，虽然这些问题有时候的确是相互重叠的。这些问题包括：行动和沟通中的“理性”的问题、日常和专业概念之间的关系问题以及“索引性”问题。

我已经阐明了加芬克尔关于社会实践“可说明性”观点是如何从他对理性的讨论中产生出来的；我也指出，他反对以下这种观点：对行动和韦伯所定义的理性规范之间的一致性进行分析是必要的，或者是有益的。加芬克尔能够从这个结论中推导出自己的观点的关键，可以在这个命题中找到：在社会科学中，“为了界
46 定可靠的知识”“理性模式是必要的”，但是，“在研究日常生活事务时”，根本就不需要这种“模式”[31]。对常人方法学而言，只要行动是“可说明的”，就可以被视为“理性的”；常人方法学的核心假设是：产生日常生活情境的活动，就是行动者使这些情境变得可理解的过程。不过，虽然这使得“常人方法学的中立”态度似乎是合理的，但是以这种方式来划分两种“理性”类型在逻辑上并非真的站得住脚。首先，被加芬克尔称为“科学理性”

的某些要素对于说明行动的可说明性——让可理解性变得可理解——是必需的。正如我后面将详细讨论的，这些要素必须与普通行动者本身的态度相关，否则就会产生一种毫无希望的相对主义。正是为了坚持完全正确的观点——为了陈述舒茨和加芬克尔以不同的术语所提出的观点——我们必须承认，协调意义框架是一个阐释性任务；对于完成这个任务而言，评判科学概念和科学理论的标准——准确性、概括性、情境独立的词典式界定——通常是不相关的。第二，将理性与“可说明性”等同起来，将会把对行动和沟通的描述与对目的性或动机性行为——行动者实现特定利益的努力——的分析割裂开来。我认为，这一点解释了加芬克尔和受其影响的学者对互动或谈话的描述为什么具有空洞和无实质内容的特点。因此，使用“从事”官僚主义、“从事”核物理等表述，并将这些现象视为“精妙的实践”“实践性结果”等，都是令人误解的。“从事一种社会实践”不仅使之变成可说明的，还使之成为一种结果。

如果将“常人方法学的中立”态度贯彻下去，那么行动者对行动的阐释与研究者对行动的阐释之间根本就没有任何关系。加芬克尔认为，每一个人都被看作一个“成员”，社会科学家也是如此，社会学只是社会学家的实践性社会学推理。到此为止，我们可能会认为，社会科学家属于和处于他们所描述和研究的社会 47
世界之中；这与自然科学家的情况不同。但是，加芬克尔的观点中有一个奇怪的地方：他不可能回避行动者的阐释和观察者的阐释之间的关系问题。如果我们指出：常人方法学本身也是一种由它的实践者阐明的精妙实践，那么这一点就很容易理解了。因此，我们就可能将“常人方法学的中立”态度应用于从事常人方法学的成员；再将“常人方法学的中立”态度应用于……最终陷入永无休止的深渊！

对于那些拒绝接受“常人方法学的中立”态度并力图修正“建构性分析”的缺陷的学者而言，也存在同样的难题。这里的问题主要是：社会学家建构和证实理论时所使用的数据，依赖于普通行动者所做的前期“工作”。对诸如自杀或者犯罪等“领域”的研究依赖于行动者的常识知识或者“背景性预期”（background expectancies）；正是通过这种知识或预期，行动者将这种现象加工或定义为一种现象——加工或定义为“自杀”或“犯罪行为”。按照这种观点，为了更“有效”和“准确”地描述一种现象，社会科学研究者就要研究这种“背景性预期”，比如警察或法院中官员的背景性预期。然而，问题又来了：这里所说的是谁的背景性预期？如果除了行动者的背景性预期之外，还卷入了研究者的背景性预期，那么结果会造成无尽的复原（regress）。在分析行动者的背景性预期时，研究者的背景性预期必须由第二个研究者进行分析；当然，第二个研究者的分析也必然使用他的背景性预期，如此下去，永无休止。我们没有必要再在这一点上花费力气了。这些作者还没有解决这些困惑；这体现在他们得出的这个不可靠的结论中：具体而言，只有当普通行动者将社会现象分类或识别为“存在着的”时候，社会现象才会“存在”。一旦揭开了“常人
48 方法学的中立”的遮蔽，一旦“实践性结果和将他们可说明化的过程相统一”的观点变成了一种本体论命题，而不是被视为悬置经验世界的一种方式，这种结论似乎是不可避免的。

为了能够从加芬克尔以及至少部分受其影响的作者的著作中提取那些真正有价值和重要的因素，我们必须对常人方法学所依赖的循环性逻辑进行更广泛的哲学分析。当然，下面这种说法是不正确的：加芬克尔和那些应用他的某些观点来重构“正统社会学”的人并没有意识到这种逻辑循环性。恰恰相反，他们似乎认为，这种循环性逻辑的应用将硕果累累。因而，在讨论被他称为“不确定性三角测量”（indefinite triangulation）时，西考雷尔（Cicourel）指出：“每个看起来‘基于’证据的研究分析，都宣称具有适当性，但是当对它本身进行同样的分析时，就会产生一系列不确定的新信息。”[32]但是，在这里，他没有进一步说明“证据”的含义；也就是说，他没有对这种观点进行任何哲学性说明。

对于加芬克尔所使用的“索引性”这个概念，也存在同样的难题。维特根斯坦有这样一句名言：**“一个表述只有在生活流（the flow of life）中才有意义”**，这句话可以很好地概括加芬克尔的旨趣取向。加芬克尔认为，常人方法学的任务不是“修补”索引性表达。

> （他写道）索引性特征并不是普通人的阐释所特有的，也存在于专业人员的阐释中。例如，专业人员经常听说“社会事实的客观现实性是社会学的基本原理”这一句套话；根据情况，这种说法有时被视为专业协会成员活动的特性，有时被视为他们的口号、任务、目标、成就、吹嘘、推销辞令、辩护、发现、社会现象或研究约束。[33]

但是，这段话必然是自我指涉的，即这段话本身也具有索引性；

49 当然，加芬克尔做出的关于索引性表达的所有观点，都是如此，都必然呈现“索引性特征”。

正如加芬克尔所说的，这里的困难在于索引性表达不能被重新描述，而只能“被替代”。我们应该注意到，加芬克尔所使用的“索引性”概念比巴-希勒尔使用的“索引性表达”概念更加广泛。后者的观点是：许多言语的意义取决于它们被说出时的直接环境（immediate situation）。加芬克尔从两个方面更加详细地阐述了这一点。他所使用的“情境”（context）似乎不仅仅是指言说行动的时间情境（正在进行的谈话过程）和物理情境（行动发生于其中的物理场景，包括面部表情等，都影响意义的形成），而且也指言语在默认的规则中的“情境性定位”（contextual location）。然而，把后者与前两者并列起来，至少掩盖了“索引性表达”与“情境独立性”表达之间的区别，因为从第三个意义上来说，任何表达都不是“情境独立的”（context-free）；而加芬克尔似乎想坚持这种区分。只有在前两种意义上说，“2 × 2 = 4”这个陈述才是情境独立的，是“非索引性的”；但是，理解它的意义当然需要将它“定位于”特定的关于数学规则的默认知识中。加芬克尔对原初的“索引性表达”概念的阐释，也意味着扩展这个概念的内涵，从而包括奥斯汀所说的言语的“言内行为”和“言后行为”作用——比如反讽、夸张等。到此为止，言语的行为特征和言语的“意义”之间的关系问题，仍然具有争议。但是，对于这个问题以及前面提到的那些相关问题，我们必须直接面对；否则，我们就会重复哲学家所指出的“令人讨厌的老生常谈的毛病，即你不可能‘脱离’言语的发生情境来理解言语的意义”[34]。但是，由行动和意义的情境性特征所引发的问题，当然不是常人方法学所独有的；我将要考察的另一些思想流派也必须面对这些问题。

后维特根斯坦哲学：温奇 50

先看看下面这个观点："因为只有在交谈的情境中，我们才能说理解了他们在做什么以及为什么那样做，所以这是一个经验事实：人们总以某些特定的方式交谈。"[35]这个命题并不是常人方法学家提出来的，而是哲学家洛奇（Louch）在他的一部著作中提出来的。在那部著作中，他以轻蔑的态度攻击了社会科学家的下面这种主张：社会科学家能够建构关于人类行为的理论，而且这种理论优于普通行动者对他们自己行为的解释。洛奇认为，无论是行动者自己还是"社会科学"研究者所做出的解释，对人类行动的解释必然是道德性解释。当我们努力解释一个行为时，我们要寻找这种行为的"根据"，即那个人行动时所持有的（道德性）"理由"。一旦我们知道了这一点，我们就不需要再问这个行为为什么会发生了。这就意味着：当社会科学力图超越对行动进行描述性考察时，（用普通行动者的话来说）社会科学只不过是一堆废话。例如，人类学"不过是旅行者的故事合集，并不具有什么特定的科学意义"；社会学也同样如此，只不过在很多情况下社会学的故事更为人熟悉而已，"因此这些故事似乎毫无用处，而且自命不凡"[36]。

上述观点与温奇的观点有相似之处，尽管后者对社会科学的目的性和可能性的认识比上面的这个总体陈述更加含糊。温奇也认为，社会科学家的自命不凡注定是要失败的，因为他们没有弄清楚他们工作的本质。他认为，社会学的任务本质上是哲学性的。乍看起来，这种观点可能会令人迷惑不解：但是，我们对这种观点的根据却非常熟悉，即与自然世界中的事件不同，人类行动是“有意义的”。温奇认为，这里所说的有“意义”的行动“**实际上**是规则支配的”。为了说明“有意义的”和“规则支配的”之
51 间存在普遍的一致性，温奇颇费周折。他指出，初看起来，好像只有某些有意义的行为方式是受规则支配的。官僚的行动包含一种规则取向，但我们很难说那些反对社会规范的社会叛逆者的行动也是如此。温奇的观点是，社会叛逆者仍然遵循一种特定的生活方式，与严格的顺从者一样，他们也是以规则为取向的。温奇接着指出，受“规则支配的”行为，并不意味着遵从某种规则的人（如果被问及的话）能够有意识地说出这种规则，关键在于“就他的行为而言，我们是否能够合理地区分出正确和错误的行为方式”。

按照温奇的分析，认识到“有意义的”行为必然是遵循规则的行为这一点，具有深远的影响，也说明了自然科学和社会科学的方法之间有一种根本的差异。对人类行动中可识别出来的“规则性”，不能以解释自然世界的规则的方式进行解释。韦伯正确地强调，人类行动通常是“可预测的”，但是他却错误地假定对人类行为的解释可以采用因果关系的形式，而且这种解释即使在内容上与自然科学解释不同，在逻辑上也是相同的。观察到的现象“规则性”预设了同一性标准，因此，不同的事件才可以被划分为“同一类型”。对社会行为而言，这些标准必然是描述“不同生活形态”的规则，例如，只有这样，我们才能认为两个不同的行动

是在“做同样的事情”。

当然，自然科学是依据规则进行的，但是，这些支配了自然科学家行为的规则是关于独立于研究者的研究对象的。在社会科学中，我们所研究的内容和我们的研究活动都是依据规则而进行的活动。为我们提供同一性标准的，是支配我们所研究的行动的规则，而不是我们的研究活动中的规则。

因此，对研究社会行为的学者的活动和（比如说）研究机器运行的工程师的活动进行比较，在原则上是非常错误的……如果我们要对社会学者和工程师进行比较，我们最好把他与一名正在研究工程学——即工程设计活动——的见习工程师相比较。社会学者对社会现象的理解更像工程师对他的同事的活动的理解，而不像工程师对他所研究的机械系统的理解。 52

对社会行为的研究必然涉及“理解”观察到的行动，而且研究者只能根据与那些行动相关的特定规则进行理解。温奇接着说，这并不意味着社会科学家只能使用行动者自己的概念而不能超出此范围。但是，专业概念必须与行动者自己的概念“在逻辑上紧密相关”（温奇的术语），而且，如果想使用专业概念的话，研究者必须首先理解行动者自己的概念。专业性的重新描述并不是指因果解释，因为温奇曾说过，“如果人与人之间的社会关系只存在于他们的观念之中，并通过他们的观念而存在，……由于观念之间的关系是内在关系，社会关系也必然是一种内在关系”[37]。只要考虑一下一个人对另一个人下达命令的行动以及服从于这一命令的行动之间的联系，这一点就很容易得到说明。温奇认为，对行为的解释设计明确“命令”和“服从”这两个概念之间的观念性关系；因此，这种解释完全不同于对两个自然事件的因果依赖关系的分析。

在他发表《社会科学的观念》之后，温奇又进一步扩展了其中的观点。[38] 当我们研究完全不同于我们自己的那些“生活形态”时，这些问题表现得最为突出。温奇举的例子是埃文斯–普里查德（Evans-Pritchard）对阿赞德人（Azande）魔法和巫术现象的著名分析；对于欧洲文化背景下受教育的人而言，这些现象显得异常怪异。我们知道，埃文斯–普里查德也假定，阿赞德人对魔法的信任是错误的，比如魔法可以治病、巫术可以产生魔力等。因此，这里需要分析的问题是：它们并不能产生阿赞德人所相信的功效，而魔法、巫术和神谕是如何幸存下来的呢？温奇认为，首先，埃
53 文斯–普里查德提出问题的方式并不合理。魔法和巫术是阿赞德文化的核心和内在要素，因此，我们应该将它们理解为不同于我们自己的文化中存在的相似的信念和实践。只有在我们自己的文化背景中，我们才会将这些行动视为“非理性的”，甚至视为“不正确的”或“错误的”。

在讨论为什么我们一定会得出这样的结论时，温奇引用了维特根斯坦对游戏的分析。一种游戏的规则明确了这个游戏范围之内的某种意义体系。现在我们可以设想：在某个游戏之中，一个人通过一个简单的诡计总是获胜；当其他玩家注意到这种现象时，它就不再是游戏了。我们不能说我们已经意识到了“它根本就不

是一场真正的游戏”；关键在于，他已经教给了我们一种**新**游戏，因为其规则与旧游戏规则是不同的。“我们现在看到了不同的事物，”维特根斯坦说，“我们不能再天真地继续玩下去了。”[39]当研究者试图根据西方的“科学理解”去阐释阿赞德人的实践时，他们正在犯一种类别性错误（category-mistake）；这类似于试图通过另一个游戏的规则来理解某个游戏的规则。这类分析的相对主义意涵是显而易见的；为了回避这个问题，温奇试图指出对不同文化进行解释时所使用的特定的常量（constants）。在反驳了“科学理性”之后，他集中考察了他所说的“限定性概念”（limiting notions）；这些概念是由“现实的人类生活观念”所预先设定的。这些涉及出生、死亡和性别关系的“限定性概念”，“无一例外地存在于所有已知的人类社会中；如果我们对某一种不熟悉的系统或制度感到迷惑不解时，这些观念为我们考察它们提供了线索”[40]。

到目前为止，二手文献已经对温奇的著作进行了批判性吸收。在此，我只想简要地陈述这些批评者提出的一些主要观点。首先，温奇将“有意义的行动”等同于“受规则支配的”行为的做法并不妥当。

1.“规则”这一概念在温奇的分析中发挥了太多的作用，但却没有进行充分说明。在温奇看来，通过考察我们能否合理地 54
区分出正确和错误的行为方式，我们就可以表明某个行为方式是不是受规则支配，并因此是“有意义的”。但是，正如麦金太尔（MacIntyre）所追问的，散步有正确方法和错误方法吗？他认为没有，虽然我们可能认为晚上散步是一件“有意义的”活动[41]。

然而，与麦金太尔截然不同，我宁愿认为，判断行为的“对”或“错”的标准事实上有两种含义；这两种意义上的标准也可以应用分析散步这样的活动，而且，这也表明，温奇的分析并没有进行这种区分。第一种含义是语言表达上的正确和错误：作为一种**语言表达**的“散步”可能被正确或错误地运用于一种特定的行为模式——比如，我们能否将在婴儿车中被推着走判定为一种“散步”。第二种含义是指**道德**评价上的正确和错误——从这种意义上说，在主干道的中间散步可以被视为一种违法行为。

2. 温奇对“规则”一词的使用非常灵活，但是他所说的大部分内容显然受到了语言规则模式或语言传统模式的影响，因此遵从是毫无疑问的特征。这带来两种后果：第一，温奇从未提出过这个问题：**谁的**规则？我稍后将讨论到，语言表现了权力的不对称性；社会规范，尤其是道德规范，在统治系统中常常**被强加为**义务。第二，相对于社会规范而言，行动者可能会形成多种行动取向：知道一个行动的“意义”完全不同于致力于实现这个意义。温奇并没有考察“遵循规则”中道德性责任和认知性评价之间的不同，这种不同也与社会生活中权力的重要性相关。

3. 因而，温奇往往混淆了行动的意义和行动的过程。他认为，发布命令的行动和服从命令的行动之间存在一种“内在联系”。但是，这种内在联系只**存在于**行动的“意义”或对行动的语言理解
55 层面上——“命令”“服从”等语言所表达的含义上。在这个问题上，韦伯曾正确地指出，说明“服从”的语言含义，并不能解释“服从命令的实际行动”这种“遵从规则”的行动。

4. 温奇认为，行动只是在“表达观念”，而且观念之间的关系

是一种概念性关系，而不是一种因果性关系；基于此，他试图在逻辑上排除社会科学进行因果分析的可能性。但是，承认上面提到的第二种观点，就破坏了温奇的这种努力。虽然我们可以认为，人们服从命令不能用因果规律进行解释，但是，这是完全不同的两个问题。

5. 在某种程度上说，温奇的理论夸大了社会科学和自然科学之间的区别，因为他没有指出这一点：无论是普通行动者还是专业人士对自然现象提出的“为什么的问题”通常被认为是语言理解的问题。因此，当某人问“天空为什么那个时候亮起来”时，他也许会接受这种回答：“那是片状闪电。”

温奇并不认为，社会学研究者在解释社会行为时必须使用普通行动者所使用的词汇。但是，除了许多随意的注解之外，他并未表明日常概念和专业概念之间的关系；很显然，他也未讲清楚为什么需要专业概念。不同的文化就是许多不同的“语言游戏”（language-games），必须以它们自身的语言进行理解。温奇说，社会科学家考察文化多样性的活动，更像使用自己的语言知识来理解谈话的活动，而不像应用科学理论来理解机器运作的活动。这种观点的含义虽然还未被详细阐述，但是这种观点的确掩饰了作者的这种主张：他的分析不过是阐明了社会科学家正在做的事情。社会学家和人类学家所做的事情之一，就是以相似性为基础建立关于不同社会的一般理论；而且这些一般理论不是使用这些社会成员使用的术语来建立的，也许也不可能这样做，因为它们 56
要做的比较研究不可能用这些术语来表达，或者它们首先要解释这些术语为什么会存在。但是温奇的立场显然忽视了所有这样的努力，他似乎完全否认了这种比较研究的可能性。

在谈及所有人类社会都存在的那些“限定性概念”时，温奇草率地放弃了纯粹相对主义，这也表明了温奇观点的内在逻辑困难。结果，这些限定性概念指的是在所有人类生存中都发挥作用的、普遍的生物现象，而且这些生物现象为所有社会组织形式都提出了必须适应或应对的挑战。毫无疑问，这个命题被证明是合理的，但是温奇却恰恰将它判定为不合理的。我们应该做的是，使用这些普遍的生物现象去阐明异域制度中令人费解的特征：事实上，在我们试图阐明这些制度所表现出来的观念系统的内在关系时，这些现象为我们提供了参照依据。然而，有人也许会说，我们所依赖的这些观念本身也存在于语言游戏中，从西方文化生活方式来看，像“普遍的生物现象”一样，我们对这些观念也无能为力；在这个意义上说，这些观念也是人类生存面临的“不可避免的挑战”。

温奇的思想是 20 世纪 60 年代以来英国哲学思潮的组成部分，这个思潮深受后维特根斯坦哲学的影响，特别关注行动和意义的问题，并试图阐明“目的”“理由”“动机”等术语的含义。温奇思想的重要性，主要不是因为它的独创性，而是因为它对社会科学的特别关注。那些与温奇的思想类似或重叠的思想家，例如安斯科姆（Anscombe）、彼得斯（Peters）、麦尔顿（Melden）、肯尼（Kenny）等，显然都没有特别关注社会科学。当他们转向哲学之外的学科时，它们更关注心理学而不是社会科学（或者，我们应该说，其他社会科学），尤其关注“行为主义”的问题。毫无
57 疑问，就背后的动因而言，这种关注是《哲学研究》的主题所导

致的，其中最常被引用的观点是“心理学中存在着实验研究法和概念混乱”。表面看来，这种对社会科学的相对忽视似乎相当奇怪，因为这是“后维特根斯坦哲学”的一个主要因素，正如温奇所说的：

> 对人类理智进行的哲学阐释以及与此相关的观念，要求在人与人的社会关系中进行理解。近几年在哲学中发生了真正的革命，也许这个革命就源于对这个事实的强调和对其影响的深入分析。我们可以在维特根斯坦的著作中找到这种思想。[42]

这是温奇的原话。这段话同时体现了这一“哲学革命”的优点和缺陷。在这段话之后，温奇紧接着引用了维特根斯坦的话：“我们都必须接受的是，事实是——我们可以这么说——各种生活形态。”这句名言概括了哲学旨趣上的各种新取向，同时也严格地划定了它们的界限。发现了社会“传统”或社会“规则”、认识到个人与环境之间的交换过程来源于并表现为社会行为之后，哲学家们将社会生活形态视为既定的事实，并“反过来”以此攻击哲学。确立的规则划定了研究的界限，行动者的行为被描述为“有目的的”和“合理的”，而“规则”却没得到解释，仍处于神秘状态中，甚至被认为是必然不可解释的；“规则”似乎是不可“改变的”，因为它们是人类行动的产物，也是行动变得可以理解的基础和背景。

小结：阐释社会学的意义

此时应该总结一下舒茨的现象学、常人方法学、温奇将《哲
58 学研究》应用于社会学问题的贡献和局限了。这三者之间存在相当明显的差异。舒茨的思想相当接近最早由胡塞尔提出的现象学，他虽然放弃了超验现象学，却非常随意，并没有给出合适的理由。因此，他的著作呈现出一种尚未解决的张力：一方面是源于自我体验的现象学，一方面是源于主体间性世界的完全不同的观点，因为主体间性世界是具体的主体进行自我理解的前提条件。从最基本的层面上说，比起海德格尔、伽达默尔、利科（Ricoeur）等人对胡塞尔思想的变革，舒茨的思想并不是对胡塞尔的现象学进行变革的典型。在那些人的著作中，存在主义现象学极大地转向了后期维特根斯坦的立场，并影响了温奇。按照这种观点，只有通过主体对公共语言形式的使用，自我理解才是可能的。[43]

加芬克尔汲取了舒茨和维特根斯坦的思想，他的目的不是对社会科学的逻辑进行哲学解释，而是要提出一系列实际的调查研究。由于他的主要兴趣是进行这种实际的研究，他并没有阐明常人方法学的哲学基础，这一任务于是被留给了其他人。在加芬克尔的著作中，我们发现了两个彼此无法调解、相互对立的主题或重点：一方面，他的思想中有一种非常直接的自然主义倾向，他力图“摆脱修正日常表达的想法”，并对索引性表达进行描述，就表明了这一点；另一方面，他又承认**人文学科**所推广的“循环阐释”——由于预设的存在，摆脱了“阐释”的描述是不能存在的。

尽管前面讨论的三种思想流派或许在某些方面存在分歧，但它们的确存在许多共同之处。在下面这些观点上，它们是一致的，而且在我看来，所有这些观点对于理解社会学方法的性质都至关重要。首先，**理解**不应该被视为社会科学家特有的研究技术，而 59
应被视为所有社会互动都具有的普遍特征，因此，用舒茨的话来说，是“常识思维认识社会文化世界的特定体验方式”[44]。其次，这一点直接意味着：从根本上说，社会研究者在分析和解释普通行动者的行为时使用的资源，与普通行动者理解自己的行为时所使用的资源，是一样的；反之亦然，研究者不能将普通人的“实践性理论分析”(practical theorizing)视为科学研究人类行动的障碍而不加考虑，相反这种实践性理论分析是社会行动者**构成**或“产生”行为的关键因素。再次，为了构建一个有意义的社会世界，社会成员日常使用的知识库存很大程度上依赖于默认的或隐含的、实用取向的知识。也就是说，行动者很少能够用语言表达这种知识，科学的理念——表达的精确性、逻辑的完备性、定义的明确性等——并不适用于这种知识。最后，社会科学家要首先理解普通行动者在维持一个有意义的世界时所使用的概念，社会科学家所使用的概念要与这些概念相关，要以这些概念为基础。

所有这些观点都需要进一步修正和澄清，这也是我在本书中想要做的事情。此外，这些思想家所提出的问题，也都受其思想局限的限制。第一，他们都将行动视为意义，而没有将行动视为**实践**——行动者都力图实现各种利益，包括通过人类活动对自然界的物质性转换。第二，部分地由于上面这个局限，所有人都没有认识到权力在社会生活中的核心地位。即使两个人之间的简短对话也是一个权力关系，参与者会带进不平等的资源。“有序的”或“可说明的”社会世界不能仅仅理解为**平等参与者**进行合作的产物：用来描述世界的意义也表达了权力的不对称。第三，社会规范或规则可以进行不同的阐释；在基于利益分化而产生的斗争中，对“同一个”观念系统的不同阐释处于核心地位——比如，
60 西方基督教历史上出现的天主教和新教之间的斗争。

对于制度变迁和历史问题，我们前面提到的这三个思想流派都没有太多分析。因此，我们有必要讨论另一个理论传统，这个理论传统不仅对制度变迁和历史问题感兴趣，也同样强调社会生活中的意义、沟通和能动性问题。

阐释学和批判理论：伽达默尔、阿佩尔、哈贝马斯

人文学科（Geisteswissenschaften）这个概念的起源是，狄尔泰对密尔的“道德科学”这一术语的借用；然而，直到今天，**人文学科**这个术语在英语中也没有直接对应的词汇。狄尔泰虽然采用了密尔的翻译，但是，对于密尔关于人类行为科学的逻辑和方法论的观点，狄尔泰提出了深刻的质疑。狄尔泰对于他所代表的思想传统的形成，产生了深刻的影响；但是，用来指称这个传统的术语是后来才出现的。这个思想传统与自密尔以来统治英语世界的哲学流派存在明显的不同。现代阐释哲学（hermeneutic philosophy）的出现也许很大程度上归功于施莱尔马赫（Schleiermacher）；但是，施莱尔马赫为阐释学创建

一个“一般性纲领”的愿望可以追溯到赫尔德（Herder）和弗里德里希·沃尔夫（Friedrich Wolf）。在这个思想传统经过狄尔泰而影响到最近德国哲学中的海德格尔和伽达默尔时，对英语世界的思想家而言，除了一两个历史哲学家［最明显的是柯林伍德（Collingwood）］外，这种与人文学科相关的视角仍然非常陌生。因此，这个现象很有趣：受阐释学影响的一些当代德国哲学家和社会思想家，如阿佩尔和哈贝马斯（还有法国的利科），已经意识到，阐释哲学的当代发展趋势和以英美“后维特根斯坦”哲学家 61
为标志的反逻辑实证主义倾向之间出现了趋同。例如，阿佩尔和哈贝马斯都直接地讨论了温奇的思想；此外，虽然他们都进行了批判，但是他们也都试图表明，从那里提出的观点——更广泛地说，《哲学研究》所提出的观点——中独立地得出的结论，与阐释学的核心结论是相同的。

不过，如果阐释学传统本身没有发生一个重要的转变，这是不可能发生的；这个转变使得最近的思想家和19世纪的前辈的思想产生了很大的区别。与后维特根斯坦哲学一样，这种转变涉及重新认识语言的性质及其在社会生活中的重要性，正像伽达默尔简要指出的：“**理解与语言紧密相关。**”[45]施莱尔马赫和狄尔泰等人的“早期阐释学”认为，人类行为可以（而且必须）通过把握行为的主观意识而得到理解，而自然事件的发生只能“从外部”进行因果解释，通过这种观点，他们力图说明人类行为研究和自然事件研究之间存在根本差异的基础。在**理解**（to understand）和**解释**（to explain）之间的对比中，强调的是心理性地“重演”或想象性地重构他人的经历，那些希望研究人类社会生活和历史的研究者，必须这样做才行。

正如德罗伊森（Droysen）、狄尔泰（尤其是在他的早期著作中）和韦伯（更加合理地）指出的那样，“**理解**”概念已经受到了许多实证主义者的攻击。这些批判者大都认为，作为一种提出“假设”的方法，解释性理解的方法或许是社会科学的有益补充，但是，证实这些假设必须要用其他不那么印象主义的描述。例如，阿佩尔认为，“**理解**可以做两件事情：对于那些不熟悉或者出乎意料的行为，理解可以减轻我们的忧虑感；理解是‘直觉预感’的来源，可以帮助我们提出假设”[46]。如果我们接受狄尔泰和韦伯
62 的思想前提，我们可能很难抵抗这种批评，因为无论他们（尤其是狄尔泰）多么强调人类研究和自然研究之间的不同，他们都坚持认为人类研究可以产生类似于自然研究的、具有“客观有效性”的结论。在经过修正之后，狄尔泰也不乏拥护者；但是，在伽达默尔发表《真理与方法》（1960）之后，阐释学走向了一个不同的方向。

伽达默尔所使用的“**理解**”概念强调，理解——比如对人们过去行动的理解——不是一种主观现象，“而是进入另一个传统（tradition），过去和现在因此可以不断地相互调适”[47]。与狄尔泰一样，伽达默尔也认为理解与对自然事件的“解释”非常不同；但是，伽达默尔并不认为，要理解人类行为的意义，必须要对那些人的经历进行心理性“重演”，理解依赖于两个参照框架或不同文化框架之间的相互转换。在**人文学科**中，研究对象（行为主体）的特点是：原则上说，为了理解他们的行为，研究者能够与他们进行对话，而且实际上也必须要那么做。例如，要理解一个年代

久远的历史文本，或者要理解一个与我们自己的文化完全不同的文化，（按照伽达默尔的观点）其实是一个创造性过程；在这个创造性过程中，通过洞察一种陌生的存在方式，在把握别人的视角的同时，研究者也丰富了自己的自我知识。**理解**，并不是要把自己“放入”文本作者的主观体验中，而是通过把握（维特根斯坦所说的）赋予其意义的“生活形态”来“理解”文学艺术。**理解**是通过话语完成的，因此，理解与笛卡尔式的个体主义无关，而狄尔泰（也是尤其在其早期著作中）却将这种个人主义视为理解的基础。相反，理解与语言相关，语言是主体间性的中介，也是“生活形态”或伽达默尔所说的“传统”的具体体现。

随着不再把“重新体验”的观念视为阐释学的核心概念，伽 63
达默尔也不再以狄尔泰和韦伯的方式寻求“客观的”知识（虽然，他仍然要寻求“真理”）；所有的理解都处于历史之中，都是特定的参考框架、传统或文化之中的理解。伽达默尔沿用了海德格尔的阐释循环的概念，正像海德格尔所说的，阐释循环的观念认为，“任何有助于理解的阐释，一定已经理解了要阐释什么”[48]。所有的理解都要求某种前理解（pre-understanding），这种前理解使得进一步的理解成为可能。比如，阅读一本小说时，理解各个章节，需要逐渐地完整理解该书的总体情节；另一方面，把握其中的个别情节，又会加深对整个小说的理解，而全面理解的加深又有助于更好地理解故事展开过程中的个别事件。伽达默尔说，通过阐释循环来理解人文事物（艺术作品、文学文本），不能被看作一种“方法”。相反，它是现实中人类话语的本体性过程，在这一过程中，以语言为中介的“生活调适着生活”。用伽达默尔的话来说就是，理解一种语言“并不是一个阐释过程”。理解一种语言是能够“生活其中”——这个原则“不仅适用于仍在使用的语言，也适用于不再使用的语言”。因此，阐释学的问题不是精确地掌握一种语言的问题，而是正确地理解借助语言而完成的事件的问题。[49]

伽达默尔的《真理与方法》最后确定了阐释学的广泛应用范围，他所确定的应用范围不再局限于**人文学科**，而是扩展到了所有形式的研究活动。从最日常的对话到自然科学研究，所有研究都不能摆脱预设；只有在这些体现传统框架（framework of tradition）的预设中，思想才可能存在。他认为，这绝不意味着这
64 种框架是不会受到批评和修正的；相反，无论在日常生活中、文学艺术中，还是在社会科学和自然科学中，这种框架都处在长期而缓慢的变化过程中，虽然这种框架一直是我们思想和行动的基础。因此，阐释学是“普遍的哲学形式”，而“不仅仅是所谓的人类科学的方法论基础”[50]。

虽然《哲学研究》是用德语写的，但是并没有受到形塑伽达默尔思想的那些资源的影响，因此，伽达默尔的思想和后期维特根斯坦的思想之间存在的相似性，令人感到惊奇。如果说维特根斯坦的后期作品还延续了他《逻辑哲学论》中的观点的话，那么这个观点就是以下原则：语言的局限性就是世界的局限性。伽达默尔认为“存在是在语言中显明的”[51]，这与维特根斯坦的观点很相似。像后期维特根斯坦一样，伽达默尔也认为，语言在本质上不是以某种方式“表现”客观事物的符号或表现体系，而是人类“在世界中的存在”方式的体现。阿佩尔曾经试图具体地表明，这些相似性在海德格尔那里就已经很明显了。但是，他与哈贝马斯

都指出，伽达默尔的哲学也为批判维特根斯坦的思想提供了基础，尤其是，批判了温奇试图将后期维特根斯坦的思想应用于社会科学逻辑的做法。正如阿佩尔所说的，像七八十年前的狄尔泰一样，温奇也将密尔的《逻辑》作为辩论对象，进而提出自己的观点。[52]他接着指出，在这样做的时候，温奇得出了与阐释学理论相近的观点，但是他的思想具有非历史性特征，也使得他没有充分地阐述其内涵。与他的老师一样，他止步于阐释学的起点，即对不同“生活形态”或“语言游戏”之间的接触的兴趣。正如另一个评论者所指出的：“按照温奇的观点，语言—阐释社会学的困难，也最终揭示了维特根斯坦语言哲学本身的应用范围；阐释学处在这个范围之外，而维特根斯坦并没有超越这个范围”[53]。阿佩尔认为，由于温奇没有认识到语言游戏的三种面向——“语言的使用”“生 65
活的实践形式”“对世界的理解”——之间既相互矛盾，又相互补充，因此他的观点最终走向了站不住脚的相对主义。正因为如此，西方基督教既形成了一个整体——一个完整的文化体系，又不断地进行内部和外部的交流对话；这也是它变迁的一个原因。从本质上说，两种文化相遇时发生的对话，与某个传统或“生活形态”内部的对话是一样的，这些传统或“生活形态”在不断地“超越自我”。

在其很多著作中，哈贝马斯把阐释学和社会科学中的其他分析方式结合了起来。在这些作品中，哈贝马斯大量地使用了伽达默尔的思想。哈贝马斯认为，无论在社会科学还是在自然科学中，对所有的研究方式而言，根据理论预设进行“阐释”都是必然的，认识到这一点非常重要；同样重要的是，我们必须强调，人类行动的研究不可能纯粹是阐释性的——伽达默尔和温奇都得出了同样的结论。只有在理想的黑格尔式的理性世界中，在人类完全理解自我的情况下，“阐释的普遍性”的说法才能成立。事实上，就对人类行为的解释而言，我们必须反对以下两种对立的哲学传统“所宣称的普遍性”：阐释学和实证主义。两种哲学传统都力图解释所有的人类行为，即将它们纳入各自的逻辑框架中。阐释学哲学家认为，所有的人类行动都必须进行“理解”，而且反对自然科学式的普遍性解释；另一方面，持实证主义观点的哲学家认为，总体而言，自然科学的逻辑形式也适用于社会科学。但是，哈贝马斯认为，社会科学既是阐释性的，也是普遍性的（“准自然主义的”），而且，这两种分析还必须得到第三种分析——批判理论——的补充。

在其早期作品中，哈贝马斯认为，精神分析方法——至少精神分析方法的理想类型——典型地说明了阐释学阐释、普遍性解释和批判理论之间的关系：用哈贝马斯的话来说，精神分析方法是“科学和方法论自我反思相结合的唯一典范”[54]。精神分析首先
66 和主要是阐释性的，因为他的目的是理解分析对象的话语，解释他们的（隐含的）意义——这个目的是通过对话实现的。但是精神分析的理论和实践并没有仅仅停留在阐释的层次上，它的一个主要目标是要深入研究分析对象对他们经历的描述，从而因果性地解释为什么这些描述是扭曲地呈现了他们的经历，或者为什么掩盖了那些他们的意识不能触及的东西。在精神分析的治疗过程中，精神分析师经常从一种标准或参照框架，转到另一种标准或参照框架，从而“解释”个体为什么会产生扭曲的自我理解。在

创立精神分析学的时候，弗洛伊德并没有意识到阐释性和普遍性之间的这种必然“相互结合”的关系，因此，混淆了以下两种概念：一种是类似于物理力量的“能量”等概念，一种是与“有意义的”范畴相关的概念（“符号”等）。哈贝马斯认为，在精神分析方法中，结合并平衡阐释性和普遍性的，是它的激发因素，即寻求解放的冲动。如果成功了，精神分析治疗就能把无意识的过程转化为有意识的行动模式。无意识的过程使得他不能有意识地控制自己的行为，而有意识的行动模式则受到他的理性的掌控。精神分析具有一种批判性任务：通过提高自我认知，将人们从使得他们不经意识思考便采取行动的各种力量中解放出来。

在哈贝马斯的早期著作中，社会科学被划分为经验分析性的（普遍性的）、阐释性的、批判性的三种类型。这又与一系列进一步的分类相结合，这些分类将社会科学的认识论与他们的具体研究对象联系了起来。刚才提到的三种分类与三种“认知旨趣”相对应，这些认知旨趣关心的是人类与社会世界和自然界的关系。普遍性知识主要指向对技术控制的旨趣，或者技术性地把握因果关系体系（哈贝马斯指出，这种知识绝不是“中立的”，正像实证主义哲学所表现出来的，将这种知识视为所有知识的标准的倾向，为支配秩序创造了一种合法性面具。这种观点也将哈贝马斯的思想和法兰克福学派的“老一代”哲学家联系在一起，此外，也与 67
卢卡奇联系在了一起）。另一方面，阐释学是为了理解主体间性的“生活形态”中的行动者，因此指向提高人类沟通或自我理解的认知旨趣。批判理论与“解放的认知旨趣”密切相关，因为它力图将个体从支配中解放出来，从而超越前面两种认知旨趣：批判理论不仅要将个体从他人的控制中解放出来，而且也要从他们不能理解或控制的各种力量中解放出来（包括那些实际上是人类自己制造出来的力量）。

在社会科学中，这三组“知识的构成性”（knowledge-constitutive）认知旨趣进一步与哈贝马斯提出的其他主要概念区分相联系。社会科学关注的问题与“**目的—理性行动**”相关（韦伯所说的 Zweckrationalität）；哈贝马斯也简单地把它称为“工作”或“劳动”，这种“目的—理性行动”指的是“工具性行动，或理性选择，或两者的结合”。工具性行动依赖于普遍性知识；这种知识是通过经验观察或经历而产生的，也为技术性决策提供理性选择的策略。“目的—理性行动”必须在概念上与“互动”区分开来；后者指的是共识规范（或者，温奇所说的“规则”）支配下的主体间性的沟通和符号，是通过日常语言表现出来的。像互动的参与者一样，社会科学研究者必须通过阐释的方式来理解日常生活中的“情境性意义”（meanings-in-context）。但是社会科学研究者可以利用言语的反思性特征（事实上参与者也是这样做的）：事实上，日常语言就是它自己的元语言。正如批判理论所表明的，在“劳动”和“互动”等概念之外，我们还可以加上这种观念：以广泛的理性标准对人类行为进行评价。当然，这种理性标准必须与技术性的目的—理性区分开来；但是，对哈贝马斯而言，它们都是“在历史中”确定的。人类自我理解的进步，通过扩展“自由行动”的范围，将个体从因果关系的束缚中解放出来。在这
68 种因果关系中，人类的行为只不过是一系列“自然”事件。

毫无疑问，伽达默尔哲学对语言的核心地位的强调，尤其是

对“言语共同体”（speech community）内部和相互之间的对话的强调，拉近了阐释学与其他现代哲学主流学派的距离。在这个问题上，我们可能会赞同利科的观点；他指出：“语言是以下各种研究的交汇点：维特根斯坦的研究，英国的语言哲学，源于胡塞尔的现象学，海德格尔的研究，布尔特曼学派和其他《新约》注释学派的研究，比较历史研究，宗教研究，关注神话、仪式和信仰的人类学，最后还有精神分析学。”[55] 伽达默尔的观点使得他的思想疏远了早期的**人文学科**，因为伽达默尔强调通过共同的语言表达而产生的意义的“可得性”特征，这也使得他摆脱了早期狄尔泰（和韦伯）的“方法论个人主义”。此外，毫无疑问的是，阐释学和在科学哲学中兴起的对古典经验主义的批判走到了一起，因为两者都拒斥那些关注“起点”的哲学；不过，这种现象还没有被充分考察。作为他对超验现象学的批判的一部分，利科提到了在哲学中看到“第三条道路”的必要性；此时，他也很好地说明了上述这种现象。超验现象学打破了哲学中的一种幻想，即客观主义的幻想；在这种幻想中，自我“迷失和被遗忘于世界中”。但是，胡塞尔却代之以第二种幻想，即，对主体进行反思性认识的幻想。

伽达默尔的著作虽然成功地避免了早期阐释哲学的一些难题，但也带来一些新的难题。哈贝马斯已经相当详尽地考察了其中一些难题。在社会科学中，纯粹的阐释学排除了这种可能性——实际上是一种必要性：突破特定传统中行动者的视角而对社会行为进行分析，而且这种分析对他们具有重要的解释意义。然而，同样重要的是：正如伽达默尔所阐明的，对话模式本身引起了很多问题。伽达默尔认为，阐释学是“保证获得真理的一门学科”[56]。 69

但是，这意味着真理内在于存在之中；这是存在主义现象学的根本错误，即使伽达默尔求助于辩证法，也没有补救这个错误。贝蒂（Betti）曾经评论说：虽然伽达默尔对阐释学的阐述可以很好地保障阐释的内部同一性，比如对文学作品的阐释以及对其他历史时期或异域文化中个体行动的阐释，但是他却没有进一步讨论这些阐释的“正确性”问题。贝蒂认为，阐释学有四个前提条件，而伽达默尔仅仅讨论了其中的前三个：研究对象必须用他们自己的理解进行理解，即作为一个主体进行理解（“阐释的自主性”）；研究对象必须在情境中进行理解（“意义一致性”）；阐释必须符合贝蒂所说的阐释者的“实际”体验（“前理解性”）。但是，还有第四个相关因素：这个因素虽然支撑着其他三个因素，但是伽达默尔并没有进行考察。这就是“意义的等价性”（meaning-equivalence）因素：对人类行为或行动的阐释能够“充分地”把握其发起者的目的。

不止贝蒂一个人对伽达默尔的观点进行了这种批判。我也将在这里详述这一点。伽达默尔认为，阐释学不是一种方法，而且阐释学所做的阐释，是不能够按照“作者通过文本想要传达的内容”来判定“正确”或“错误的”。一个文本的意义不在于其创作者的沟通目的，而在于文本和在不同传统脉络中的理解者之间的调和。和海德格尔一样，在伽达默尔看来，“语言本身表达意义”：正如海德格尔曾经模糊地指出的，“**他人言说的内容告诉了我们它们所要表达的意思**”。因此，书面文本和口头言语存在明显的不同，口头言语同时假设了言说主体和言说对象的存在。文学艺术作品本身是有意义的，而且也假定语言是“独立自主的存在”。对于阐释现象而言，写作是一个基本的要素：一个文本获得了自主性，与其作者相分离。

由于理解一个文本是不同传统之间的创造性调和，因此这种 70
理解是一个永无止境的过程；由于在新传统中阅读这个作品会不断地产生新的意义，这种理解过程是不可能“完成的”。这种观点的吸引力是显而易见的。将理解视为一种创造性活动，而且这种活动不受下面这种标准的限制：精确地阐释作者的意图。这种观点让我们很容易理解很多现象，比如 19 世纪末期以来数代人对马克思所进行的诸多不同的“解读”。不过，这种观点面临的困难也同样明显：采纳某种解读而非另一种解读，似乎是一种很随意的事情。因此，为了寻求相同的理解而对如何分析马克思的著作展开的学术争论，好像只是浪费精力而已。

伽达默尔也渴望避免这种“虚无主义”：对他来说，“真理”是自我澄清（self-clarification）的结果，因为自我澄清可以考察不同传统的相互关系，而且遵循传统的要求可以让这个传统内部的人排除不同的解读。但是，这个概念并不能理解比较不同传统下的解读的问题，也不能解决**同一个**“传统”对文本产生不同理解的问题，因为这种观点假设各个传统内部是统一的和一致的（就像温奇对“生活形式”的假设一样）。因此，我们应该像贝蒂一样强调，需要承认客体的自主性——文本是作者在特定情景中的创造物——同时，我们也不能抛弃伽达默尔的观点。以下两种行为是不同的：一方面是，根据作者所写的内容以及与作者同时代的读者对文本的理解，来理解作者所要表达的意义；另一方面是理解文本对我们当前环境的意义。

认识到这种差异也就将阐释学还原成一种方法了。伽达默尔认为，“理解”（understanding）不应该与“阐释”（interpretation）相混淆。阅读一本小说不需要进行阐释；小说以一种前反思（pre-reflective）的方式吸引读者。由于他拒绝将阐释学视为一种“方法”，他对阐释学的讨论虽然沉浸在海德格尔的反科学主义思
71 想中，但也和科学哲学的一些视角相似——尤其是费耶阿本德（Feyerabend）对“放弃方法”的呼吁。然而，这些观点的价值不在于完全地拒绝方法，而在于它们对方法重建的启示。我想说的是，阐释学的核心问题，不是对书面文本的理解问题，而是更一般意义上的不同意义框架之间的调和问题。此外，阐释学的问题有两个层次，明确它们之间的关系至关重要，而且这些问题同时存在于社会科学和自然科学中。其中一个问题涉及体验的前反思性特征（pre-reflective），包括社会现实的“前阐释性”特征（pre-interpreted）和自然科学中经验观察的“内在理论性”特征（当然并非完全分散的）。在这一意义上，我们的确可以说，阅读一本小说或者与熟人在大街上的随意交谈，并不是“阐释性”活动，而是内在于“生活流”的构成因素；我们对这些活动的“理解”依赖的是一些默认的预设。但是，即使是日常生活中的日常交流也不完全是前反思性的，而且，（正如常人方法学后来所阐明的）反思性地“进行说明”对日常生活的连续性是至关重要的：在这一方面，健全的社会行动者也使用了社会阐释的方法，而且“常人方法学”这个术语是非常恰当的。“方法”并不是社会科学和自然科学特有的，虽然“方法”对它们而言非常重要，虽然它们的“发现”的评价标准会不同于在日常生活中所做的说明。

以伽达默尔为代表的文本阐释学，与近来英美哲学家的意义
分析，存在一种重大差别，这种差别富有启示意义。在理解文本
时，伽达默尔排斥行动者的意图，而一些英语世界的哲学家却根
据意图来阐明“意义”。比较明显的是，这些哲学家几乎没有关注
如何理解书面文本的问题。我将在稍后提出，关于意义的“目的
论者的”理论实际上是站不住脚的；同样，与其对立的阐释现象
学认为“语言自己会说话”，这种观点也是站不住脚的。简单地 72
说：如果前者更接近“主观唯心主义”，那么后者更接近“客观唯
心主义”。前者强调对行动和意义的主观说明——虽然并没有直接
受到维特根斯坦的影响。

伽达默尔认为，由于现在与过去之间存在着一种本体性断裂，“作者所要传达的内容”不可能被重新体验；存在处于时间之中，而且时间的差异也是存在的差异。他的这个观点深受海德格尔的影响。伽达默尔强调通过对话而进行传统之间的调和，因此很大程度上超越了维特根斯坦对语言游戏的讨论；但是，他的立场在很多关键方面延续了维特根斯坦在批判性上的不足。传统之间的差异及其产生的对过去传统的不可言说性（ineffability），排除了对他们进行批判的可能性。这正是哈贝马斯关注的问题。

我这里并不想对哈贝马斯后期著作中提出的批判理论进行全面分析，而只想考察他的“沟通能力”（communicative competence）概念的一些内涵——主要是这个概念与他所说的“理想的沟通”之间的关系，而不是与“扭曲的”沟通之间的关系。沟通能力概念是对应着乔姆斯基（Chomsky）的“语言能力”概念而提出的，虽然两者非常不同。乔姆斯基的观点属于“独

白式”的，只能让我们关注到沟通行动的边缘，不能充分地阐明作为主体间性现象的沟通行动；语义单位，或者“意义”，不仅仅是个人使用的抽象的语言工具，而是在互动或**对话**中主体间性地产生的。要在互动中产生意义，言说者不仅要在乔姆斯基所说的意义上（独白的意义上）“有能力”，而且还必须控制社会**场景**，从而将所掌握的语言转化为对他人的理解：“能够制造一种潜在的日常语言沟通情境，本身就是理想的言说者的基本能力。”[57]

哈贝马斯区分了日常语言的两个基本特征，这两个基本特征
73 对沟通能力都非常重要：第一，遵循奥斯汀的说法，各种行为表述可以将言语行为界定为“许诺”“宣布”“恳请”等情形；第二，指示性要素（即巴-希勒尔所说的索引性表达），如“我”“你”“这儿”等，可以界定言说者之间的关系以及他们与沟通“情境”之间的关系。对这些因素的掌握可以被称为对话构成的“普遍特征”：不同言语情境的这些普遍特征使得沟通中的相互理解成为可能。这些普遍特征包括：

1. 在互动中，人称代词及其派生词提供了一个参考体系。这些词汇首先包括对“我”和“你”的反思性使用：对于你来说，我是“我”，但是我也认识到，对你而言，你也是你自己的“我”，同时对我而言，你又是“你”。

2. 时间、空间和物质的代词构成了一个指示性的参照体系，从而能够对话语进行定位。

3. 致辞、问候、询问、回答或间接的“转述”等术语都是描述行为的语言，可以对言语行为进行定义（用加芬克尔的话来说，

就是“描述场景的特征，从而对场景进行组织”）。

4.“与存在相关”的术语能够区分存在的不同模式；作为言语情境的构成性特征，这些术语对情境的描述包含本质与表现的区分（这种界定通常通过“承认”“表明”“揭示”等词语来表达）、存在和外显的区分（这种主观世界和公共世界的区分通常用“声称”“保证”“质疑”等词汇表达）以及存在与责任的区分（用“服从”“拒绝”“警告”等词汇表达）。

哈贝马斯提出，在“纯粹的对话”中——剥离了言语情境中的非语言因素的对话，虽然这些非语言因素在实际的沟通情境中都会存在——我们可以建立一个理想的相互理解模式。这种理想模式存在于参与者具有完全对称性的地方，因为“沟通不会受阻于源于沟通结构的约束”。这种对称性具有三个主要特征：只通过 74
对论证的理性考察而达成的“不受约束的共识”；对他人完全而相互的理解；相互承认对方真正有权利在对话中扮演完整而平等的同伴角色。这使哈贝马斯重新思考沟通互动规范中的“真理”问题。哈贝马斯在一定程度上借鉴了斯特劳逊（Strawson）的观点；他说，我们不能在确保经验“客观性”的事物中去寻找真理，而应该在“对真理宣称（truth claim）进行证实性论证的可能性”中寻找。[58]对哈贝马斯而言，由于“真理”依赖于理性对话，因此也直接与这种观点相关：沟通是“非神经性的”（在个人层面上）和“非意识形态性的”（在群体层面上）。真理不是命题的一种特性，而是理想言语情景中的论证的一种特性。

从某些方面来讲，哈贝马斯的思想包含了我前面讨论过的思想流派感兴趣的很多内容。哈贝马斯大量地应用了存在主义现象学和后维特根斯坦哲学的思想，但也明确地意识到了它们的局限。但是，对于我在本书中希望讨论的那些问题，哈贝马斯的理论还没有提供一个充分的分析框架。在某种程度上，这是因为他的主要目的是在法兰克福社会哲学传统中阐明批判理论的分析框架，而这与我要研究的主题不尽相同；但是，这也是因为我认识到了他的基本难题。下面就是我对他的反驳：

第一，哈贝马斯正确地指出，社会科学融合了阐释性和普遍性两种研究，但是他对于自然科学的认识却过于简单，仍然用传统的——甚至实证主义——的方式来描述自然科学。实际上，哈贝马斯很少直接讨论自然科学，仅仅在讨论知识的形式或者自然科学对技术性控制的“认知旨趣”时（但是，这种认知旨趣也存在于其他学科中），他才提到自然科学。需要强调的是，阐释具有普遍性，像其他“语言游戏”一样，科学理论也在建构意义框架。
75 像其他领域的研究一样，自然科学的“解释”有多种形式。很显然，自然科学中的“为什么问题”并不总是指向普遍规律，对这种问题的回答也不一定指向普遍规律：就人类行动而言，“进行理解”——在一个意义框架中使之变得“可识别”——通常也是“进行解释”，也要提供一种说明，从而“充分”地解决疑惑。

第二，和大多数后维特根斯坦哲学家一样，哈贝马斯好像也将“意义”等同于为对行动意图的阐释，因此，对行动的描述和识别在逻辑上依赖于对行动目的的识别。这种观点导致了各种各样的逻辑问题和社会学问题；正如我在后面将要详细阐述的，这种观点是相互对立的社会理论流派都持有的观点：比如，温奇和帕森斯的理论。

第三，哈贝马斯对“劳动”（工作）和“互动”所进行的区分，含糊不清地徘徊在哲学、人类学和社会学的边缘。这种区分似乎源于“对技术性控制的旨趣”和“对理解的旨趣”的抽象对立。但是，在这一层面上，这种区分的逻辑对称性往往不可能应用于日常层次上的社会分析。按照哈贝马斯的观点，“工作”和“互动……所遵循的理性重构模式，在逻辑上是相互独立的”[59]。就不同知识所宣称的逻辑而言，工具理性和相互理解的区分可能是合理的，但是对于社会行动本身的分析而言，这种区分是站不住脚的。无论对“劳动”如何进行界定——在“**实践**”的意义上进行广义界定，或者从人类行动改造自然的意义上进行狭义界定——劳动并不仅仅是工具理性的（也许异化状态除外）；互动也不仅仅是以相互理解或“共识”为导向的，而是以目的的实现为导向的，而且这些目的时常相互排斥。这里，哈贝马斯的思想局限体现在他的批判理论上。他的批判理论是围绕对称性的“理想化的对话”模式而建立的，其核心问题是通过理性论争达成共识；但是，这种理想模式与下面这种情形的关系，并不明确：以**稀缺资源**的分配为导向而展开的竞争或剥削性统治。 76

第四，哈贝马斯将精神分析学视为所有社会科学理论和实践的范例，这种做法的确有一定的吸引力，因为精神分析学体现了他所关注的每个现象：“解释”与“阐释”的调和，包括通过与分析者的对话以实现提高分析对象的理性自主性（rational autonomy）的目的。这显然有很多困难；哈贝马斯也承认这一点。[60] 对批判理论来说，精神分析学好像并不是一个很好的模板，因为分析者和患者之间的关系毕竟是一种明显的不对称关系，甚至是一种权威关系；但是，哈贝马斯使用的还是“理想化”的精神分析学。更重要的是，精神分析治疗是**个人**之间的自愿性互动；阐释性分析和普遍性分析不过是要揭示其中隐含的**动机**。同样重要的是，这种分析并没有告诉我们如何将人类行动与社会制度的结构性特征联系起来。

我认为，前面各部分的讨论并不详尽：我只是想将这些讨论作为本书其他部分的背景。前面考察的这些思想传统或流派提出了一些重要问题，但是它们都还没有很好地解决这些问题。这些问题包括：关于能动性和行动的特征的问题；关于沟通和阐释性分析的问题；关于在社会学方法的框架中对行动进行解释的问题。本书后面的部分将进一步阐述这些问题。

第二章　能动性、行为识别和沟通目的 77

英美哲学家的大量著作都受到了后期维特根斯坦思想的强烈影响，即使是对这种思想进行批判，也是如此。这些著作都关注“行动哲学”（philosophy of action）。虽然这种文献卷帙浩繁，但成果却极其有限。总体而言，英美学者的“行动哲学”与后期维特根斯坦的哲学具有相同的局限性；那些不是维特根斯坦的忠实信徒、在某些方面与维特根斯坦的思想有很大不同的人，也是如此：他们都没有关注社会结构、制度发展和变迁的问题。这种局限不仅仅是哲学家和社会科学家之间的劳动分工问题，而是根植于人类能动性的哲学分析中的一种缺陷。然而，近来行动哲学研究让人困惑的更直接的原因是，没有区分开那些需要相互区分的问题。这些问题包括：**行动或能动性概念**的阐述；行动概念与**意图或目的**概念之间的关系；**不同类型的行为的描述（识别）**；对于能动性而言，**理由和动机**的重要性；以及**沟通行为**的性质。

能动性问题 78

很显然，在他们的日常生活中，普通人经常以这样或那样的方式谈及或使用能动性概念，但需要强调的是，只有在特定的场合或情境中（比如，在法庭上），他们才可能或愿意用抽象的术语说明他们这样做的理由或方式。人们会经常决定对后果所负的“责任”，并且相应地监控自己的行为，同时也会基于他人所提供的原因／理由／借口做出反应。对于所发生的事情，如果区分出“不能控制”和“能够控制”的情形，那么人们就可以对一个人的行为做出不同的评价和反应。比如，一个病人可以顺理成章地要求他人对自己进行特别关照，并从许多日常责任中解脱出来。生病被认为是无法控制的事情（至少在西方文化中是如此，虽然可能不具有普遍性）。但是，如果这个人被断定“不是真病”或仅仅是“假装”生病以换取他人的同情或逃避正当责任，那么对之做出不同的反应就是合适的。这其中的界限并不是非常明确，具有模糊性的疑病症（hypochondria，总是怀疑自己生病了的一种症状）就表明了这一点：有些人认为一个人可以控制这种病症，而另一些人认为他对此无能为力。当医生将“疑病症”视为一种医学症状的时候，他们的划分标准显然不同于人们所接受的标准。这两种行为之间的区别非常模糊：能动者应该负责的、也会被要求提供理由的行为，和被认为“无能为力的”行为。这种模糊性导致了很多的欺诈或欺骗行为，人们从而可以逃避他们的行为应受的惩罚，或者相反，可以将某种结果说成自己的成就。

在法学理论中，即使一个人并未意识到他正在做什么，或者并不是有意地触犯法律，这个人也要为他的行为负责。如果判定
79 一个人，作为一个公民“早就应当知道”他所做的事情是违法

的，那么这个人也就被认为是有罪的。当然，这个人的无知可能会让他完全逃避制裁，或获得惩罚上的减刑（例如，他被认定，没有处在一种知道“正常人应该知道的事情”的境况中——如果他被诊断为“精神病”，或者，更难以把握的是，他是一个外国游客，不能指望他熟悉这里的法律）。在这一方面，法学理论体现了日常实践的规范化；在这种正式规范中，一个人声明他不知道自己所做事情的特定后果，并不必然使他能够逃脱道德上的制裁：有一些事情是每个人“都应该知道的”，或者是特定类型的人中每个人“都应该知道的”。一个人也可能因为无意而做的事情而被责怪。在日常生活中，我们倾向于遵循这样一个等式：“能动性”（agency）＝“道德责任”＝“道德正当性的情境”。因此，这一点就很容易理解了：为什么有一些哲学家认为能动性概念必须根据道德正当性概念来界定，也因此必须只根据道德规范来界定。

然而，更普遍的是，在对“行动”（actions）和“动作”（movements）进行区分时，哲学家诉诸更为宽泛的习俗或规则概念。例如，彼得斯（Peters）引用了一个签订合同的案例。他认为，这是一个行动，因为它是以社会规范的存在为条件的。以下两种陈述在逻辑上存在很大差异：“她签订了合约”和“她的手与另外一个人的手握在了一起”。因为第一种陈述是在描述一个行动，是与规范相关的陈述，而第二种则不是。[①]但是，这种观点根本无法令人信服。在我们要搞清什么是能动性的时候，我们感兴趣的应该是，不仅要区分以某种方式描述规范的实现（actualization of a norm）的陈述——比如“她签订了合同”——与“她的手划过了这张纸”这种陈述，而且要区分“她用钢笔写字”这种陈述与“她的手划过了这张纸”这种陈述。

许多哲学著作的中心思想是，在特定的条件下——通常是与特定的习俗或规则相关的情况下，“动作”才能够“算作”或“被重新描述为”行动；反之亦然，所有行动也可以“被重新描述为”一个动作或一系列动作（也许具有克制性的行动除外）。这也就意
80 味着，就同一个行为而言，我们可以区分出两种不同的描述方式或两种不同的描述语言。维特根斯坦曾问道：在“他举起了他的手”和“他的手在升高”之间“还有什么”？对他这个提问的一些解读也证实了这种结论。但是，认为这是两个不同的、但**同样正确的**行为描述方式，是一种错误的观点。把一个行动视为一个“动作”意味着，这个行动是机械的，是一种“发生在”某人身上的事情；如果某个事情是某个人“造成的”或做出的，那么用这种方式来描述这个行为，就是完全错误的了。我想，我们由此可以认识到，我们最好完全抛弃行动和动作之间的这种对比：在行动分析中，正确的分析单位只能是人，即正在**行动的自我**（acting self）。与此相关，还有另外一个问题。如果我们使用“动作”这一术语，我们往往认为，以这一形式所做的描述代表着一种观察语言，而“对行动的描述”是不同的。也就是说，我们往往假设，动作是可以被直接观察和描述的，而对行动的描述则涉及进一步的加工、推论或“阐释”（比如，“根据某个规则来阐释这个动作”）。但是，这种假设实际上是没有根据的。当我们（无意识地）观察到动作时，我们当然也观察到了行动；如果“阐释”意味着对所观察到的事物的描述必然隐含着以（不同的）理论术语为基

础的表述，那么两者都涉及“阐释”。

许多哲学家认为，行动概念本质上是以目的概念为中心的：行动一定是指“目的性行为”（purposive behavior）。这样一种假设有两种出现方式：（1）对于一般意义上的行动而言；（2）对**不同类型的行动**而言。但是，这两种观点都经不起推敲。就（1）中的观点而言，指出这一点就足够了：目的概念在逻辑上也蕴含着行动概念，并因此以行动概念为前提，而不是相反。作为现象学所说的“意向性”的一个特例，我们可以说，一个行动者不能仅仅“有目的”；他必须有目的地做事情。当然，每个人都承认，人们做的很多事情是通过他们的能动性而做的，但不是有意做的。接下来我会更加详细地讨论行动识别问题；在此，我只想 81
概括地指出，从逻辑上说，不同的行动类型与目的之间的关系，与一般意义上的行动概念与目的之间的关系是一样的；两者都不能从行动目的中推导出来。但是，我们必须注意区分能动性的一般特征和不同行动类型的特殊特征。舒茨指出了这一点，而多数英美哲学却忽视了这一点。行动是“生活体验”（lived-through experience）的连续流；将它划分为分散的部分或“片段”，依赖于行动者的反思或其他人的看法。在本章的第一部分，我没有对这些概念进行严格区分，但我还是将行动的“要素”或“部分”称为行为（acts），从而与“行动”或“能动性”概念区分开来；我用“行动”或“能动性”概念在一般的意义上表示日常行为中的生活体验。哲学文献经常以各种形式出现“基本行动”的观念；但是，由于没有认识到行动和行为之间的区别，这种观念是错误的。当我们谈到“举手”时，同谈到“进行祈祷”时差不多一样，都是一种行为描述；在这里，我们又一次看到：将行动和“动作”对立起来，是一个误导。[2]

我将把行动或能动性定义为，**对不断行进（ongoing）中的世界事件过程所进行的实际或想象性的干预流**。能动性概念与实践概念直接相关，在讨论规范化行为时，我将讨论人类实践概念，即一系列正在进行的“现实活动”。能动性概念包括两个分析性要素：（1）一个人“可以换一种方式行事”（could have acted otherwise）；（2）如果没有能动者的干预，由连续性事件流——独立于行动者——所组成的世界具有不可预见的未来。“可以换一种方式行事”的含义是难以确定和充满争议的；本书中很多章节都会探讨这个问题。但是，其含义显然不同于“我没有其他选择”等日常说法，因此也不同于涂尔干所说的“约束”或“责任”。一个人在风和日丽的日子里因为职业责任而待
82 在办公室，不同于一个人因为双腿骨折而待在家里。克制也是如此：克制涉及考虑可能的行动方式——即被克制的行动方式。但是，这里有一个很大的区别。“正在进行的活动流”概念可能会（而且经常）涉及反思性地预料未来的行动方式，但是“行动”概念本身并不必然如此。但是，克制的确是以意识到可能的行动方式为前提，这不同于一个人仅仅“不做”他可以做的事情。

目的和谋划

我将把“意向”（intention）和“目的”（purpose）这两个术

语等同起来看待，尽管日常英语用法认为二者有所不同。在日常用法中，当我们说一个人“带着目的”或“富有目的”地行动时，“目的”和“意向”是不同的，不完全是现象学意义上的“意向”。“目的”似乎与“决定”或“决心”相关，而意向则不是这样；这意味着，我们用“目的”来表达长期的理想抱负，而意向仅仅在日常实践中使用。[3] 不过，我将使用“规划”（project）来表达这种理想抱负（比如，写一本书）。

有一种假定认为，只有行动者自己在日常生活中寻求解释的那些行为，才可以被称为目的性行动。一些哲学家就这样认为，但是这种假定是错误的。根据这种假定，很多人就认为，由于我们通常不会询问别人的行为目的，我们就不能说这种行为是目的性的；比如把盐撒到饭里的行为。但是，如果她把石粉撒到饭里，我们很可能就会询问她的目的了；来自不同文化的人，不熟悉这种习俗，也会询问往饭里撒盐的目的是什么。如果我们没有询问，不是因为我们没有必要询问，而是因为我们已经知道了她的目的，或者我们假定我们已经知道了她的目的。应该说，大部分日常行动都是有目的的。强调这一点非常重要，否则我们就会认为，日常或习惯性行为不是目的性的（韦伯就倾向于这样认为）。83
但是，目的和规划都不同于有意识的目标取向——即一个行动者必须意识到他要想达成的目标。从这个意义上说，大多数构成日常行为的行动流都是前反思性的（pre-reflective）。但是，目的确实以“知识”为前提。我将这样定义“有意图的”或“目的性的”行动：**在这种行动中，能动者认为（相信）这种行动能够呈现某种特定的性质或结果，而且行动者会利用这种知识来实现这种性**

质或结果。不过，需要注意的是，这个定义需要解决另一个问题：行动识别的性质；稍后我将会讨论这个问题。

还有一些论点：

1. 在一个目的性行动中，能动者不一定能够抽象地阐述他们运用的知识，而且这种“知识”也不一定是有效的知识。

2. 目的当然不仅仅存在于人类行动中。我并不认为下面这种观点是有用的或恰当的：“目的”的概念扩展到所有自主系统中。但是，按照我做的界定，很多动物行为也是目的性的。

3. 一些人（比如，图尔明）认为，目的依赖于“习得的方法”[4]；这种界定也是不恰当的；正如我对这个概念的使用一样，所有的目的性行为都包含“习得的方法”（运用知识来保证结果的实现）；但是，有些反应是习得的，却不是目的性的，比如条件反射。

目的与能动性的脱节可以用两种方式来加以说明：能动者可以实现他们的目的或他们想要做的事情，但却不是通过他们的能动性而实现的；目的性行动通常会产生一系列后果，这些后果虽然可以被视为行动者的行动结果，但事实上并不是他们有意为之的。第一种情形没有多少意义：它只不过表明有些目的是通过偶
84 然的、意外的事件实现的，而不是通过能动者的行动干预而实现的。但是，对于社会理论而言，第二种情形具有重要的意义。“目的性行动的意外后果”可能以多种形式出现。其中一种形式是：行动者的行为没有产生想要的后果，却产生了另一个后果或多个后果；这种情况之所以会发生，要么是因为作为“手段”而运用的“知识”，对于所要实现的结果是错误的或不相关的，要么是因

为他弄错了这些手段发挥作用的条件。

另一种形式是：行动实现了目的，也产生了诸多其他后果。一个人打开灯，是为了照亮房间，但也会警告小偷。[5] 这个人警告了小偷，但是这并不是他有意要做的。在关于被称为行动的“手风琴效应”的哲学文献中，存在很多这种类型的例子。需要注意的是：首先，这种“推论”链似乎是随意的（如果“警告了小偷”是行动者所“为”，“导致小偷逃跑”也是其所“为”吗？）；其次，这些例子并不能帮助我们理解与社会理论相关的那些意外后果，也就是那些我稍后会讨论的**结构再生产**现象。

行动的“手风琴效应”不同于被称为“**目的层级**”（hierarchy of purposes）的现象；我用“目的层级”来描述不同的目的或谋划之间相互连接和相互交织的现象。行动者做出一个行为时，这个行为可能和行动者的多个目的相关；一个规划会体现行动者的所有行动目的。在纸上写一句话：这个行为也直接与写一本书的规划相关。

行动的识别

大多数研究人类行为的人都认为，在某种意义上，人类行为具有“意义”或者是“有意义的”，而自然界中的事件却不是这样。但是，这种简单化的观点还不充分。**自然界**对我们显然是有意义的——而且，不仅仅是那些被物质性改造的和“人化的”自然才是有意义的。和社会世界一样，我们试图将自然界变 85
为“可理解的”，而且通常也是这么做的——实际上，在西方文化中，这种可理解性恰恰依赖于自然界的“无生命”特征；这种特征是由客观力量决定的。人们通常认为，以下两个问题存在根本区别：明确或者识别一个事件的发生；解释这个事件的发生，尤其是因果解释。两者之间显然是不同的。但是，两者的区别又不像人们认为的那样分明。对于“那个突然的闪光是什么”这样的问题，如果用现象的“意义”——“片状闪电”——来回答，这种回答同时也是一种因果解释方式。将这个事件认定为“片状闪电”，也隐含着对相关的因果关系的基本理解——这种理解不同于“神的启示”这种回答所隐含的理解方式。我们理解事件所使用的意义框架，不可能纯粹是“描述性”的，而是与更全面的解释框架紧密交织在一起；我们不可能对两者进行明确的区分：识别性的描述依赖于这些假定的因果联系。对自然和自然事件的识别，依赖于意义框架的建构和支撑；我们认识和处理日常体验时所使用的阐释框架，也源于这些意义框架。对于普通人和科学家而言，都是如此；但是，对于他们而言，夸大这种意义框架的内部统一性是一个严重的错误。就自然界而言，理解不同意义框架中（他们的**中介作用**）产生的各种描述，本就是一个阐释问题。

社会世界和自然界的差别是：后者不能将自身构成为“有意义的”：它的意义由人类在现实生活过程中赋予，这是他们为自己而努力理解和解释它的结果。另一方面，这些努力是社会生活
86 的一部分；社会生活正是组成它的行动者在建构和重构意义框架的过程中**产生**的；这些行动者通过这些意义框架来组织他们的生活体验。[6] 因此，社会科学的认知框架体现了一种**“双重阐释”**

（double hermeneutic），既需要进入和理解普通行动者在建构社会生活时所使用的意义框架，又要在专业性认知的意义框架中重构普通行动者的意义框架。在本书后面的很多章节里，我将讨论这种观点所引起的复杂问题。但是，此时需要指出的是，社会科学的双重阐释使得它的立场在根本上不同于自然科学。自然科学中产生的概念和理论经常渗透到日常话语中，并成为日常参考框架的组成部分。但是，这与自然界本身毫无关系。相反，人们对社会科学家创造的专业概念与理论的使用，可以将这些概念与理论转变为自身研究对象的构成因素，并因此而**改变**它们的应用环境。这种常识与专业理论之间的相互作用是社会研究的独特特征，也是最有意思的特征。

面对双重阐释所带来的困难，对不同行动类型的描述问题也随之出现了。因此，我将首先考察日常认知框架中的行动识别问题，然后（在最后一章中）将讨论日常认知框架与社会科学的专业概念之间的关系。

无论是普通人之间，还是科学家之间，搞清自然事件的意义的提问并不是单一的："发生了什么"这个问题所询问的东西，首先与引起这个问题的兴趣相关，其次与提问者所掌握的知识类型和知识水平相关（参见维特根斯坦关于明晰界定的论述）。某个物体存在着，某个事件发生了；但是，对它们进行提问需要对它们进行识别（某个人提出的问题是问他自己的，还是问别人的，并不重要）；这种识别依赖于上面提到的两个因素。对"你从那里拿了什么"这个问题的回答，在某些情况下可能是"一本书"；在 87
另一些情况下可能是"由某某人写的一本新书"，或者"具有某个特定特征的物品”。所有这些回答都是真实的描述，但是并没有唯一正确的答案而其他的答案都是错误的：这都依赖于提问所产生的情境。

如果提问针对的是人类行为的识别，而不是针对自然事件或物体的识别，也是如此。哲学家倾向于假定，“某人在干什么”这一问题有统一的答案，或者所有的答案一定有相似的逻辑形式（就此而言，这个问题与“某人想要干什么”这个问题是完全不同的）；但这种假定却会带来无尽的麻烦。很明显，对这个问题可能会有多种答案：有人可以说，“正在用一个金属工具击打木头”“正在砍树”“正在工作”“正玩得开心”，等等。既然所有这些都是对行动的识别，那么哲学家要么从中寻找它们的共同点，要么设法说明其中只有一些是“正确的”或“有效的”，另一些则不是。[⑦] 然而，所有这些描述可能都正确地描述了正在发生的事情——虽然，在提问发生的不同情境中，其中一个描述会更加“合适”。选择一种描述，正是普通行动者所掌握的一种高超技能；这种技能也是他们参与和积极建构日常互动的习惯性特征（他们可以用这种技能来制造幽默、讽刺等）。

很显然，正如对客观力量的因果观念与对自然事件的描述紧密相关一样，目的性假设与对行动的描述也是紧密交织在一起的。但是，只有相当有限的一种行动识别，才在逻辑上假定这种行为是目的性的——比如“自杀”。大部分行动并不具有这种目的性，即大部分都不是有意为之的。当然，对行动者行动的考察，并不仅仅要对它进行识别，而且要考察个人的行动“理由”或“动机”；这些考察必然涉及考察他的行动目的。

行动的合理化

88

日常英语常常忽略“是什么”的问题和“为什么”的问题之间的区别。在特定场合中，我们可能会把这两个问题视为同样的问题：要么问“为什么有光突然闪过天空”，要么问“突然闪过天空的光是什么”。对于这两个问题，“这是片状闪电”都是合适的回答。与此相似，行动识别也可以充分地回答关于人类行为的“为什么”的问题。看到一个军人僵硬地将手举到额头，一个不熟悉英国军事礼仪的人可能会问“他在做什么”或“他为什么这样做”；如果有人告诉他这是英国军队的敬礼方式，就可能足以回答他的问题了——也就是说，这个人已经足够熟悉“军队”“军人”等是什么了。

在日常话语中，“目的”“理由”和“动机”之间的区别也是很模糊的；这些术语经常是可以互换的。“她那样做的目的是什么”相当于“她那样做的理由是什么”或“她那样做的动机是什么”，大多数研究行动哲学的人都想对这些概念做出比日常用法更清晰的区分，但他们已经做出的区分完全不一致。然而，进行这种区分是必要的；我在这里将进一步发展我对意图或目的的定义。为了产生某个或一系列特定的结果，目的性行为涉及“知识”的运用。当然，这种知识是被运用的知识。但是，具体说明行动者的行为目的，需要明确他所**运用**的知识的内容。安斯科姆曾指出过这一点，他指出：“一个描述”中所说的目的，在另一个描述中却不是目的了。比如，一个人可能知道他是在锯木板，但是却

不知道是在锯史密斯的木板。[8]从分析的意义上说，目的性行为概念意味着行动者“知道”他在做什么；在这种情况下，虽然他
89 确实是在锯木板，而且这个木板也确实是史密斯的，但是他并不是有目的地锯史密斯的木板。即使这个行动者在锯木板时暂时忘了木板是史密斯的，而且稍后又想了起来，也同样如此。通过他们说的话，人类可以有意或无意地向我们提供一种多少有些清晰的界限以区分哪些行动可以被称为目的性的，哪些不可以被称为目的性的。对于动物行为，我们更难知道这个界限在哪里，更难知道动物所运用的知识在哪里。

“意图”和“目的”等词语相当令人误解，起码很容易让人误解，因为它们意味着行动者的生活活动流能被清晰地划分为一串串目的性行动。只有在很少见的情况下，一个人的头脑中才会存在一个清晰的“目的”，并在这个方向上组织自己的能量——例如，一个人决心要赢得一场竞赛，而且在比赛时他完全关注着比赛。这一意义而言，形容词“有意图的”和“有目的的”比它们的名词形式更准确一些。日常行动的目的性存在于行动者**持续地、成功地对自己的活动进行监控**；这表明，行动者对日常事件进程的自然而然的掌控，而且行动者将日常事件进程视为理所当然。考察一个行动者的行为目的，也就是探究：以什么样的方式或者在哪些方面，这个人在所考察的事件中监控着他的行动。一个人的生活活动并不是由分散的目的或规划所组成的，而是由目的性行动的连续流构成的，这些行动发生在与他人或自然界的互动中；像一般意义上的行动识别一样，一个“目的性行动”只能被行动者反思性地进行理解，或者被其他行动者概念性地进行分

析。我所说的“目的层级”也必须在这种意义上进行理解；人类能动者能够把他们的活动视为许多同时发生的行动流，并进行监控。在特定的时间点上，行动者将这些行动流视为“处于静止状态的”（像舒茨所说的），但是行动者却意识到了这些行动流，因为当与特定的事件或场合相关时，他就会回忆起这些行动流。

这些对于“意图”和“目的”的论述也适用于“理由”；也就 90
是说，在讨论行动的理性化（rationalization）时，也应该在行动者对行为进行反思性监控的背景下讨论。考察行动的理由，也是在行动流中进行概念性分析；行动流不是由一系列分散的“目的”构成的，同样也不是由一系列离散的“理由”构成的。我已经讨论过：目的性行动可以看作为得到特定的结果、事件或特征而对“知识”的运用。我将指出，对行动理性化的考察，也就是考察**（1）各种形式的目的性行动或谋划之间的逻辑关系，和（2）在目的性行动中，为了获得某种结果，作为“手段”加以运用的知识的“技术性基础”（technical grounding）**。

虽然在日常语言中“目的”和“理由”概念存在着重叠，但在社会学分析中，区分普通行动者相互提出的问题的不同层次是非常重要的。当一个行动者的行为——“他在做什么”——令人困惑时，另一个人将首先通过把它视为有意义的行动，从而将它变成可理解的。不过，她知道了另一人在做什么，她可能就满意了；她还可能想问问他这样做的目的是什么，或者他是否做了他想做的事情（这可能会改变她关于这个行动的最初的想法，尤其是她关注道德责任的属性时：“杀害”就可能会变成“谋杀”）。但是，她也许希望进行更深的探究，探究行动者的行动“基础”，这意味着要询问他对行动进行监控的**逻辑结构和经验内容**。

因此，“理由”可以被定义为行动的基础性原则，能动者把这个原则视为对行为进行反思性监控的内在要素，并“一直坚持”。我将引用舒茨的例子进行说明：“打开伞”是对一个行动的描述；一个人这样做的目的可以表达为“保持干爽”；这样做的理由是，意识将具有合适形状的物品举在头上可以防雨。由此，一个“行动原则”可以解释这种现象：为了到达特定的结果，为什么一个特定“手段”是“正确的”“合适的”或“恰当的”。在行为的反思性监控过程中，我前面所说的“目的层级”补充了“技术性效
91 力”(technical effectiveness)的理性预期：这是行动合理化的一个内在特征，因为某个行动中的“目标”(目的)可能也是更大规划中的“手段”。在日常生活中，能动者的理由(无论是由行动者直接提供的还是由别人推断出来的)，都是根据公认的常识而被判定为“恰当的”——这些常识通常在特定的情境中被接受。

理由是原因吗？这是行动哲学中争论最激烈的问题之一。那些认为理由不是原因的人争辩说：理由和能动行为之间的关系是一个“概念上的”关系。他们主张，不知道他们所要进行合理化的行动，是不可能描述理由是什么的；由于不存在两组独立的事件或状态——“理由”与“行动”——也就不存在它们之间的因果关系问题。相反，那些想证明理由的因果效能的作者，力图将理由(作为事件)从与它们相关的行为中剥离出来。显然，这一问题很大程度上依赖于因果关系概念；我认为，关于这个问题的大部分讨论，都直接或间接地是在休谟式因果关系框架下进行

的。限于本书的研究内容，我们不可能对因果分析逻辑进行详细的讨论；在这里，我将武断地认为，需要一个**能动因果性**（agent causality）概念。按照这种观点，因果关系并非以永恒的“规律”为前提（如果有这种情况的话，肯定是相反的）；相反，因果关系的前提是：（1）原因和结果之间的**必然性联系**，（2）因果效力的观念。行动是由能动者对他的目的的反思性监控所引起的；这种对目的的反思性监控，不仅与需求相关，也与对“外部”世界的需要的认识相关。这充分说明了行动自由的观念；本研究也需要这种观念。因此，我不认为自由和因果性是相互对立的，但是“能动因果性”和“事件因果性”是对立的。因此，在社会科学中，“决定论”是指那些将人类行动完全还原为“事件因果性” 92
的理论体系。⑨

我已经指出，对“理由”的讨论是误导性的；对于作为目的性存在的人类行动者而言，监控是他们反思性行为的内在因素，而行为的合理化又是这种监控的基本特征。在我关于这些问题的概念中，目的性必然是现象学意义上的“有意向的”——也就是说，目的在“逻辑上”与“目的性行为”的描述是紧密联系的——但行动的合理化则并非如此，因为后者指的是这些行为的原则性基础。行动的合理化指的是能动性的因果依据，在日常生活**实践**中将目的及其实现条件联系起来。我们不能简单地说理由是原因，或者理由可能是原因；更准确的说法是，合理化是一种因果表述；在这种表述中，能动者目的的实现依赖于他们的**自我知识**以及他们对（作为行动环境的）**社会和物质世界的知识**。

我将用“动机”来描述那些激发行动的需求。动机与人格的情感因素之间存在直接联系；日常语言也是这样使用的；动机经常有很多“名称”——害怕、嫉妒、虚荣，等等——同时，它们也通常被认为是情感的“名称”。到目前为止，我所讨论的所有事物都是行动者的意识“可以理解的”：这并不是说，他能够从理论上说明他是如何做他所做的事情的，而是说，如果他不加掩饰的话，他对其行动目的和行动理由的见证，即使不是理解其目的和理由的决定性证据，也是最重要的证据。然而，就动机而言，情况就不同了。就我对这个术语的使用而言，动机既包括行动者意识到了他们的需求的情况，也包括行动者没有认识到影响他们行为的因素的情况；自弗洛伊德以来，我们就必须考虑这种可能性：能动者会积极地反对揭示那些因素。**利益**的概念与动机的概念也有紧密的关系；“利益”可以简单地界定为那些有助于能动者满足需求的结果或事件。没有需求，也就没有利益：但是，由于人们
93 未必意识到他们以某种方式行动的动机，他们也未必意识到特定情形下他们的利益。没有需要就没有利益：不过，既然人们未必意识到他们以某种方式行动的动机，那么，他们也就未必在所有的情况下都意识到他们的利益。当然，个体也未必根据他们的利益而行动。此外，假设目的总是和需求相一致，也是错误的：一个人可能想做他不想做的事情，而且也做他不想做的事情；他可能想得到一些不做任何事情就可以得到的东西。[10]

意义和沟通目的

迄今为止，我只讨论了行为的“意义”问题。在日常英语

中，当我们谈到目的性的时候，我们通常说的是一个人“想要做”什么；正像谈到说话的时候，我们说的是他“要想说”什么。这似乎离我们得出下面这个命题或假设只有一步之遥了：行为过程中的“想要什么”和言说过程中的“想要什么”是一样的。在这里，奥斯汀提出的言内行为（illocutionary acts）和言内力量（illocutionary forces）概念，利弊参半。奥斯汀深受下面这个事实的影响：言说某些事情不总是仅仅陈述这些事情。“凭此戒指，吾与汝结合”这句话，并不是对一个行动的描述，而是那个行动（结婚）本身。在这些例子中，如果言说过程中的想要什么，事实上就是行为过程中的想要什么，那么，似乎只有一个总体的意义存在，因此我们也没有必要在行为和言说之间进行区分。但是事实并非如此。实际上，除了下意识的感叹、痛叫或狂喜之外，所有的话语都有一种沟通性特征。一些语言沟通是宣告式的，比如“凭此戒指，吾与汝结合”；但是这并不影响上述观点。在这些情况下，话语，**本身**是“有意义的行动”，同时也是向别人沟通信息或意义的方式：这个例子的意义可能就是宣布“婚姻由此确定并将具有约束力”，而且这对夫妻和在场的其他人也都这样理解。

因此，作为“沟通行动”的言语（如果他们有意义的话），原 94
则上总是区别于行动的意义的，或者说，总是区别于对行动进行识别的。正是在沟通行动中，一个行动者的目的，或者行动者的某一个目的，与向他人的信息传递联系起来。当然，这种“信息”不一定仅仅是陈述性的，还可能是要劝说或影响他人以一种特殊方式做出反应。既然一个言语可能同时是一个行动——所做的事情——和一个“沟通行动”，那么所“做”的事情也可能具有沟通目的。欧文·戈夫曼（Erving Goffman）就很好地分析了这种现象：通过设计他们要“展现”的行动，行动者力图给他人制造某些特定的自我形象；戈夫曼感兴趣的就是，对比和比较沟通形式和言语表达。但是，这也没有违背这里提出的观点：从这个意义上讲，伐木和其他形式的行动并不是沟通行动。总的来说，以下两种情况是不同的：一种是，当一个人在做某些事情的时候，理解他在做什么（包括在婚礼上的仪式性言语）；另一种是，在沟通中，理解其他人是如何理解他所做和所说的事情的。我已经说过，当行动者或社会科学家对行动提出为什么的问题时，他们可能要么是在问这个行动是“什么”，要么是要解释行动者为什么以一种特殊的方式行动。我们也可以对言语提出为什么的问题，但是，当我们想知道一个人为什么那样说（而不是他为什么那样做）的时候，我是在询问他的**沟通目的**。我们可能在问：他想表达什么意思，即第一种为什么的问题；或者我们可能在问“当他明明知道会让我难堪时，是什么促使他对我说出那种话”这样的问题。

斯特劳逊、格莱斯（Grice）、塞尔（Searle）和其他人已经探讨了言语中沟通目的的某些方面，但是他们也仅仅探讨了某些方面。以维特根斯坦的后期著作和奥斯汀对言语的工具性运用的关注为代表，那些力图摆脱早期的意义理论的努力，无疑已经取得
95 了一些成果。新近的语言哲学研究与乔姆斯基及其追随者的语法转换性思想之间出现了一种明显的交汇。两者都将语言使用视为一种技能性和创造性行为。一些哲学著作也反对下面这种假设：所有的言语都包含某种形式的陈述性内容；但是，这种反对却夸张地强调：“意义”全部都是沟通目的。

在结束这一部分之前，我想指出，前面那段话一开头提到的那些作者的工作，又把我们带回到了舒茨和加芬克尔所强调的问题："常识理解"在人类社会互动中的作用，或者我后面将要提到的默认的**共有知识**（mutual knowledge）的作用。在将意义视为沟通目的（"非自然性意义"）的分析中，格莱斯的分析影响最大。在他最初的阐述中，格莱斯提出了这种观点：一个行动者 S "以言语 X 来表达意义"这种表述，也可以表达为"通过让另一个人或另一些人意识到言语 X 是他的目的，S 想要用言语 X 对他们产生影响"。但是，他后来指出，事实并不是这样的，因为在这种说法所包括的情况中，有些并不包含（非自然性）意义。一个人可能会发现，无论什么时候，只要他发出某种特定的喊叫，另一个人就会因苦恼不安而崩溃；一旦发现了这种情况，他就会有意地重复这种效果；可是，如果第一个人发出喊叫，另一个人崩溃了，意识到这种喊叫及其目的后，我们就不能说这种喊叫有什么意义了。因此格莱斯得到这一结论：行动 S 想要产生的效果"在某种意义上必须是在听众控制范围之内的事情，或者，在'理由'的意义上说，认识到言语 X 背后的目的对于听众而言是理由，而不仅仅是原因"[11]。

批判者已经指出了这种观点的诸多模糊和困难之处。其中之一就是，这种观点似乎会导致一种无限的还原：S_1 想要对 S_2 产生影响依赖于 S_1 想要让 S_2 认识到他的目的是想要让 S_1 认识到他的目的是想要让 S_2 认识到他的目的……在他后期的讨论中，格莱斯认为，产生这种还原的可能性不会引起什么问题，因为在任何实 96
际情况中，行动者通常会拒绝或无力沿着这条还原路线走得太远，并由此产生实际的限制[12]。但是这种回答并不能令人满意，因为还原的问题是一个逻辑问题；我想，避免这种还原，只能通过引入一个格莱斯的分析中没有直接出现的要素。这一要素就是在共享的文化环境内行动者具有的“常识理解”——或者，用一个不同的术语说，就是一位哲学家所说的“共有知识”（他说，事实上，这种现象还没有一个公认的名称，所以他必须创造一个）[13]。生活中往往有许多这样的事情：某个行动者在对别人讲话时，会假定或想当然地认为，任何其他健全的能动者都理解他说的话，并且他也将想当然地认为，其他人也知道他会如此假定。我相信，这并不是引入另一个这样的无限还原：“知道另一个人知道一个人知道另一个人知道……”这个无限还原——“知道另一个人知道一个人知道……”——只有在策略性情况下才会出现，比如在扑克游戏中；在这种情况下，参与其中的人都力图利用计谋胜过其他人，或者都力图猜出别人下一步的行动：对于行动者而言，这是一个实践问题，而不是困扰哲学家或社会科学家的逻辑问题。与沟通目的理论相关的“常识理解”或共有知识，首先包括“所有健全的行动者都被期望应该知道（相信）的”健全行动者的特征（包括他自己与其他人）；其次包括行动者在一个特定时间内所处的特殊情境，以及作为言语对象的另一个人或一些人。所有这些组成了一个具体的情境类型，以及适用于这种情境的特定能力。

格莱斯等人强有力地推动了这种观点的发展：沟通目的是“意义”的根本形式，因为充分地阐明沟通目的，能够让我们理解言语的（习惯性）意义。换言之，“行动者S的目的”（行动者在言说中想要的）是阐明“言语X的意义”（特定的标志或符号所要表达的）的关键。[14]我认为，事情并不是这样的。在社会学意义上和逻辑的意义上，“言语X的意义”都早于“行动者S的目的”而存在。在社会学意义上说，符号能力，是大部分人类行为所必需的，任何个人在应用这种符号能力时，都以语言结构的存在为前提，而且语言结构也是文化形式的中介。在逻辑上说，因为任何以“行动者S的目的”为起点的观点，都不能解释“常识理解”或共有知识的起源，而是必须假定它们是给定的。考察一下与格莱斯的意义理论紧密结合、也具有相似弱点的那些哲学著作，这一点就很清楚了。[15]

下面就是其中一个这样的观点。其核心观点是这样论述的：在语言共同体中，一个词语的意义依赖于这个共同体的普遍性规范或传统，因此“这个词才会被习惯性地接受，用来表达p这个意思”。传统可以被理解为协调问题的解决方法，这个协调问题是博弈论所界定的问题。在协调问题中，两个或多个人都想实现共同的目标；为了实现这个共同的目标，每个人都必须从一系列相互替代和相互排斥的手段中进行选择。所选择的手段本身并没有意义，它们的意义在于，和其他人选择的手段一起能够实现他们相互需要的结果。当无论采用什么样的手段，结果都相同时，行动者的相互反应就处在一种平衡状态了。例如，设想有两群人，其中一群人习惯在左边驾驶，另一群人习惯在右边驾驶；两群人聚在一起，并在一个新的地方组成一个社区。协调问题就是让每个人都在同一侧驾驶的问题。这里有两种均衡，都是成功的解决方式：所有人都在路右侧驾驶，或者所有人都在路左侧驾驶；这样，就行动协调问题而言，两种均衡都是“成功的”。这一点的重要意义在于：它表明，沟通目的与传统习俗是紧密联系的。协调问题所涉及的行动者——至少，如果他们“理性地”行动的话——会按照他们期望别人期望他的那样行动。

98 这种观点包含某种形式的对称性。虽然这种对称性有一定的吸引力，但是，无论作为关于传统的一般性阐述，还是作为关于意义的传统性特征的具体理论，这种观点都具有误导性。在社会学意义上说，这种观点是不充分的；而且，我认为，这种观点在逻辑上也是站不住脚的——就后者而言，至少因为它关注的是关于意义的传统习俗。首先，很显然，许多规范或传统习俗根本不涉及协调问题。比如，在我们的文化中，女性穿裙子而男性不穿，这是传统习俗。但是，考虑到下面这样一些事实，协调问题才与服饰的传统习俗有关系：比如说，女性现在越来越多地穿裤子而不是裙子，造成了分辨性别的困难，并妨碍了相互之间性需求的满足！更重要的是，即使在那些涉及协调问题的传统习俗中，参与其中的人的目标和期望也依赖于对这种传统习俗的接受程度；而传统习俗也不是他们产生的结果。协调问题，作为**行动者**面临的问题（而不是作为社会科学研究者的问题；这些研究者试图理解成员行动的协调是如何具体实现的），仅仅产生于我所指出的这种情境中：人们尽力猜测或者看透其他人要做什么；而且他们也知道，对于他们自己的行动，别人也在力图做同样的事情。但是在社会生活中的大多数情况下，行动者不是（有意识地）必须这样做，很大程度上恰恰是**因为**这种传统习俗的存在，根据这些传统习俗，合适的反应模式被视为理所当然。虽然这种情况是针对传统习俗而言的，但也适用于所有的规范。当一个人对另一个人说话时，他的目的不是为了协调自身的行动和他人的行动，而是通过**使用**传统性符号，以某种方式与他人进行沟通。

在这一章中，我已经提出了三个主要的观点。第一，行动的概念和行动识别的概念在逻辑上都与目的无关。第二，人类行为中的“理由”最好理解为行为反思性监控的“理论因素”，而且普 99
通行动者希望相互维持这些理论因素；因此，当被问及他为什么那样行动的时候，行动者可以给出一个原则性解释。第三，互动中的意义沟通提出了一些问题，而且这些问题在某些方面不同于非沟通行动中的意义识别问题。

在接下来的两章中，我将运用和发展我得出的这些结论。这些结论为重建社会科学方法的逻辑提供了准备和基础。这仅仅是一个准备，因为，到目前为止，我事实上还没有讨论我（在前面的批判性讨论中）提出的“阐释社会学”的一些基本难题——没有解释作为社会生活内在特征的制度性组织、权力和斗争现象。因此，在下一章中，我将力图在一个综合理论框架中整合前面讨论的各种思想流派的观点，并能够包含上面这些现象。但是，一个必要的前提是，简要地考察为什么那些强调制度分析的理论传统没有进行这种整合：包括涂尔干和帕森斯的“正统理论社会学”与马克思开创的批判传统。我现在就转向这个问题。

第三章　社会生活的生产和再生产

秩序、权力、冲突：涂尔干和帕森斯

涂尔干关于社会事实的“外在性”及其对行动者行为的“强制性”的观点，是要提供一个关于行动和社会集体之间关系的理论。当他在《社会学方法的准则》一书中提出外在性与强制性概念时，他并没有从社会组织的强制性特征中区分出下面这种本体论观念：物理世界独立于认识主体而存在，并会因果性地影响人们的行为。不过，他后来澄清了这一假定：社会现象在本质上是**道德**现象；事实上，甚至在他非常早的著作中，他就已经牢固地设立了这一假定。“效用性”约束（utilitarian sanctions）不同于道德性约束（moral sanctions）：效用性约束以“机械的”方式影响人类行为，道德性约束则是相关道德世界（**集体道德**）所特有的；他最终认为，对道德理想的忠诚不仅仅是一种强制性，还是目的性行为的源泉。后者可以引出一个三重关联：**社会—道德—目的**。这是涂尔干社会学的关键，虽然他的思想仍然和下面这种倾向相混淆：目的是“利己主义的”，以生理冲动为基础，而且抵制融入道德律令的社会世界。[①]

但是，将目的视为“内化的价值”的观点绝不是涂尔干所特 101
有的；相反，这种观点在许多不同的地方都出现过，并且经常出现在那些与涂尔干的观点大相径庭，甚至针锋相对的学者的思想中。其中的核心原理可表述如下：由于其道德（“规范”）特征，社会世界在本质上区别于自然界。这是社会世界与自然界之间的根本区别，因为道德律令与自然界中的事物毫无关系，也因此不可能从后者中被推导出来。这种观点因此主张：“行动”可以被视为以规范或传统为取向的行为。因此，这一原理可以向不同的方向发展；这取决于分析的重点是行动者的目的或动机，还是作为集体特征的规范本身（像涂尔干那样）。后维特根斯坦哲学家们都遵循第一条路线；他们把“有意义的”行为等同于“受规则支配的”行为，从而对目的性行为进行研究，但却没有解释他们所说的规则的起源（也忽视了规则的**约束性**特征）。近来，许多不是哲学家的人，由于受到了自诩维特根斯坦追随者的影响，也遵循这一条路线。因此，下面这段话告诉我们：“动机（在我的术语中，作者的意思是‘目的’）是研究者说明行为相关性的方式，从而可以将行为界定为**规范性行动**”，或者说：“动机是描述行为的社会性特征的一种规则。”[2]

我已经指出了这种推理的一些固有缺陷；现在，我们也可以把这些缺陷与那些表面上与之对立的观点的缺陷联系起来：即涂尔干提出的观点——这种观点的主要观点后来又被帕森斯所继承。众所周知，帕森斯的“行动参考框架”（action frame of reference）得益于涂尔干。他的《社会行动的结构》的主题是阿尔弗雷德·马歇尔（Alfred Marshall）、帕累托（Pareto）、涂尔

102 干和韦伯思想的综合。帕森斯认识到了韦伯关于行动的观点和涂尔干对（内化的）道德责任的强调之间的相似性，并运用这些观点为“霍布斯的秩序问题”提供一个一般性的解决方法。我想要讨论的是，帕森斯提出和解决霍布斯问题的方式产生了两种重要影响：（1）通过下面这个原理，“唯意志论”可以整合到社会理论中去：“价值观念”构成了行动的动机，也构成了**普遍共识**的核心，而且普遍共识是社会稳定的条件；（2）社会生活中的利益冲突集中在“个体”（抽象意义上的行动者）和“社会”（一般意义上的道德共同体）之间的关系上——这个出发点直接产生了这种观点：反抗行为（犯罪、反抗、革命）被概念化为“越轨”，被视为在动机上缺乏对共识规范的责任感。

“唯意志论”

帕森斯的早期著作力图整合内在于韦伯方法论中的“唯意志论”（帕累托也以不同的方式暗含了这种观点）和道德共识的功能必要性观念。[3] 正如帕森斯著作中所体现的，“价值”概念在“行动参照框架”中发挥着关键性作用，因为它是（在社会系统层次上，通过规范性的角色期待）连接人格的需求—倾向（need-dispositionsof personality）（内化的价值观念）和文化共识的基本概念。“一个具体的行动系统，”帕森斯说，“**是情境中行动要素的整体结构。这从本质上是动机性和文化性符号要素的整合；这些要素在某种特定的秩序中整合了起来。**”[4]

认识到这一思想的重要性之后，我们就不难理解：在帕森斯的早期作品《社会行动的结构》中占据突出地位的“唯意志论”，为什么在他成熟时期的思想中消失了，比如《社会系统》及其后的作品中所提出的思想；其他一些人也指出了这种现象。在帕森斯的第一部著作中，唯意志论是与“实证主义”相对立的；后者 103
指的是19世纪的一些社会理论形态，它们完全不关注作为道德行动者的行动主体，而唯意志论将行动主体置于突出地位。“唯意志论”这一术语表明，帕森斯力图在他的理论中加入作为创造性、创新性能动者的行动主体概念。对于帕森斯来说，行动者内化的、构成**普遍共识**的价值观念，就是人格系统中的动机因素。但是，如果两种价值观念是“同一的”，那么“唯意志论”名义上所假定的人类行动的创造性还会发挥作用吗？帕森斯将后面这个概念视为“规范性要素”[5]；因此，**“行动主体的自由”仅仅是人格的需求一倾向；帕森斯成熟时期的理论中，这一点非常明显。**在“行动参考框架”中，只有强调行为的社会学分析需要“人格机制”的心理学分析加以补充时，“行动”才发挥作用。这个系统是一个决定性系统。[6]这里，在行动者的层次上，主体的创造性能力并没有什么作用空间，因此，也难以解释制度化的价值标准本身的变化——帕森斯的理论体系（以及涂尔干的理论体系）和与之不同的温奇的行动哲学，都存在这样一个问题，因为他们都假定价值标准（规则）是给定的。

社会中的个体

帕森斯对秩序问题的解答，的确承认社会生活中存在紧张或冲突。这些紧张或冲突可能源于三种情况；从某种意义上说，这三种情况都与**失范**（anomie）概念相关——失范概念是涂尔干思想的内在构成部分，这个概念也是帕森斯思想的内在构成部分。第一种情况是在社会生活的某些领域中"约束性价值标准"的缺
104 失。第二种情况是帕森斯所说的行动者的需求—倾向和给定的"价值导向模式"之间脱节。第三种情况是行动者对行动"条件"的错误认识。下面这一点已经讨论得很多了：帕森斯的理论框架没有重视利益—冲突。事实上，他的起点就是利益—冲突的存在，因为目的和价值观念的整合是他解决"霍布斯秩序问题"的主要基础，而这个秩序问题的本质就是多样而分化的利益的整合问题。我在其他地方就指出过，在社会思想史中，"霍布斯问题"并不像帕森斯所说的那样重要[7]；但是，在这里，对考察其分析的缺陷，仍然非常重要。这里的关键，不是帕森斯的理论体系（以及涂尔干的理论体系）没有重视利益—冲突的作用，而是他关于利益—冲突的理论是特定的、有缺陷的；依照他的理论，利益冲突存在而且只存在于下面这种情况下：社会秩序将价值标准整合为具有内在对称性的共识，但是却没有满足不同集体成员的目的。在这种观念中，"利益冲突"只不过是个体行动者的目的与集体"利益"之间的冲突。从这一视角来看，权力不会被视为社会行动所体现的不同群体利益构成的问题。因为利益关系首先而且首要地被视为"个人"与"社会"的关系问题。

就这一问题而言，涂尔干的观点至少在一个重要方面比《社会系统》中所体现的观点要复杂。涂尔干认为，行动者的利益与**集体道德**的要求之间的背离，存在着两种基本模式；虽然涂尔干

并没有完全清晰地说明他们之间的关系。其中一个模式是以生物性的、利己主义冲动为基础；这些冲动与社会的道德要求处在持续的紧张关系中，或者与行动者双重人格中的社会化部分处在持续的紧张关系中。另一种模式是我们熟悉的这种观点：行动者的目的和已确立的道德规范之间存在失范性的断裂。涂尔干对失范的分析认识到了利益—冲突的存在，因为，失范性的“管束放松”起源于行动者“不可实现的”愿望［默顿（Merton）后来发 105
展了这种思想］，而不是起源于道德真空，即约束行动的道德规范的缺失。[8]这种情况可能与涂尔干所说的“强制性劳动分工”相关，并因此可能与阶级冲突相关。但是，涂尔干很大程度上没有考察这种可能性，而这种可能性在帕森斯的理论框架中完全消失了，因为帕森斯将失范界定为“完全制度化的对立面”或“规范秩序的彻底崩溃”。在我看来，帕森斯在《社会行动的结构》中对涂尔干思想历程的阐释肯定是误导性的[9]，但是，毫无疑问，上面提到的这些思想将涂尔干和帕森斯联系在了一起，因此也统合成一个主流的社会学传统。从这一视角来看，“秩序问题”的核心在于“利己主义”与“利他主义”之间的张力：调和个体行动者的局部利益与社会道德、集体道德或公共价值体系之间张力的问题。在社会理论的这种取向中，我们不可能充分地分析个体的行动和总体的共同体之间的利益，也不能充分地分析这些利益所导致的冲突以及利益交错的权力关系。

这种独具特色的观点很早就出现在了帕森斯的著作中：将“秩序”视为道德共识；这种观点也可以追溯到韦伯和涂尔干那里。因此，在评论他翻译的韦伯的合法性秩序时，帕森斯说，“很显然，韦伯所说的‘秩序’指的是**规范性**系统。‘秩序’的概念，不同于万有引力定律那样的‘自然秩序’”[10]。无论韦伯是否这样理解，对帕森斯而言，“秩序问题”的确是一个规范约束的问题或者**控制**的问题。总体而言，帕森斯提出的解决方案所要解决的疑惑不同于齐美尔的困惑：“社会何以可能？”我坚信，如果放弃了帕森斯提出的“秩序问题”，齐美尔提出的问题仍然非常重要。我认为，如果继续使用“秩序”这一术语，秩序也应该被视为“模式”的近义词或“混乱”的反义词。上面提到的帕森斯对韦伯的
106 评论表明，对社会科学而言，这种含义是不恰当的。

秩序、权力、冲突：马克思

要为上面这种理论寻找一个替代理论的话，人们倾向于转向马克思主义，因为马克思主义处处都强调过程、冲突和变迁。在马克思的著作中，我们可以区分出历史运动中的两种辩证关系：一种是人与自然的辩证关系；另一种是阶级之间的辩证关系。两种辩证关系都与历史和文化的转型相关。与低等动物不同，在简单地适应物质世界的状态中，人类是不能够生存的。人类不具备与生俱来的本能反应，这迫使他们与环境进行创造性互动。因此，他们必须控制他们的环境，而不是简单地适应给定的环境。所以，在这个持续而相互的过程中，人类通过改变他们周围的世界而改变着他们自身。这种抽象的“哲学人类学”（这种观点不是马克思独创的；尤其在早期著作中，这种观点不过是将“费尔巴哈式的倒置”植入了黑格尔的理论体系中）一直暗含在马克思后来的著

作中（《政治经济学批判大纲》除外，但是，在这本书中，他对这些思想的修订还非常零散）。因此，在马克思那里，我们找不到关于“实践”这一基本概念的系统分析或阐述。我们可以找到这样的陈述：“语言和意识具有同样长久的历史；语言是一种实践的、既为别人存在也因而为我自己存在的、现实的意识……语言也和意识一样，是出于需要而产生的，是出于和他人沟通的迫切需要才产生的。”[11] 但是，马克思的目的并不是要探讨这些命题的含义；他的主要兴趣是，通过生产方式、劳动分工、私有制和阶级 107 这些概念，对特定社会类型的发展进行历史分析；当然，他关注的是政治经济学批判和资本主义转向社会主义的前景。

正是在这种背景下，马克思讨论了物质利益、冲突和权力，反思了他所借鉴的各种思想渊源的模糊之处。很清楚的是，在资本主义的秩序中，资本家和劳动者这两个主要阶级有着不同的利益（从狭义上说，这种不同的利益是指对经济收益的获取；在更深层意义上说，这种不同的利益是指工人阶级促进劳动社会化的利益与统治阶级坚定地维护私有制的利益，而且两种利益是相冲突的）；这也会导致潜在的或实际的阶级冲突，而且这种冲突普遍存在于资本主义社会中；国家的政治权力会或多或少地控制或稳定这种对抗。但是，对资本主义的超越标志着对阶级的超越、对阶级利益冲突的超越以及对“政治权力”本身的超越。就后面这一点而言，我们可以毫不费力地发现圣西门学说的影响；圣西门（Saint-Simon）也认为，其他事物对人类的控制会让位于人对其他事物的控制。马克思超越国家的观念显然比这要复杂得多，在他早期对黑格尔的评论以及后来对巴黎公社和哥达纲领的评论中，这一点都很明显。但是，对马克思而言，在基本的意义上，阶级、阶级利益、阶级冲突和政治权力都取决于特定的社会类型（阶级社会）；此外，因为他很少在阶级背景之外讨论“利益”“冲突”和“权力”，他并没有明确说明这些概念究竟在多大程度上与社会主义社会相关。**阶级**利益和**阶级**冲突可能会在社会主义社会中消失，但是，那些与阶级没有明确关系的利益分化和利益冲突又会怎样呢？马克思早期著作中的一些表述也可以被解读为，共产主义社会的到来标志着所有形式的利益分化的终结。我们一定要假定，马克思并不持有这种观点；但是，关于这个问题，我们仅仅能够找到一些零散的线索，这也使我们不可能做出任何具体
108 的结论。现在，我们可以指出：对于以完全不同于现存社会的原则为基础而建立起来的社会，我们不能预见其社会组织形式；因此，马克思拒绝对未来社会进行具体的探讨，因为这种推测会沦为空想社会主义。同样，我们也可以认为，某一种类型的社会——资本主义——中提出的概念，并不适合分析另一种类型的社会——社会主义。但是，这些争论不会影响以下主要观点：马克思对冲突和权力的强有力分析，明确地将这些概念与阶级利益联系在了一起。从这一方面而言，对于那些以价值、规范或传统等概念为核心的主流社会思想传统而言，马克思并没有提供一个详尽的替代性思想。

我下面的论述依赖于这样一个基本概念：**社会生活的生产和再生产**（production and reproduction）。这种观念显然与马克思的实践本体论相一致。用马克思的话来说，“个人怎样表现自己的生活，他们自己就是怎样。因此，他们是什么样的，这同他们的

生产是一致的——既和他们生产**什么**一致，又和他们**怎样**生产一致”[12]。但是，必须从非常广泛的意义上来理解“生产”的含义。为了详述其含义，我们必须超越马克思的著作直接提供的内容。

社会的生产或构成是社会成员的技能性产物。但是，社会的生产，既不是社会成员完全有意为之的，也不是社会成员完全理解的。理解社会秩序的关键——我前面所说的、最广泛的意义上所说的社会秩序——不是“价值的内化”，而是社会行动者进行的社会生活的生产活动和**再生产活动**之间不断变动的关系。不过，**所有的再生产活动也必然是生产活动**：变迁的萌芽存在于每一个行动中，这些行动又促成所有形式的社会生活“秩序”的再生产。这个再生产过程开始于并依赖于人类生存的物质环境的再生产：即种的繁衍和自然的改造。正如马克思所说，人类在与自然的交换中“自由地”生产；在矛盾统一的意义上说，人类为了生存其中，**被迫地**积极改造物质世界，因为他们缺少本能性机制，因而 109
不能机械地适应他们的物质环境。将人类从动物中区分出来的首先是：人类能够反思性地“规划”他们的环境，因而可以监控自己在环境中的位置；而使这些成为可能的只有语言，语言首先是**人类实践活动的中介**，这也是语言最重要的功能。

从分析的意义上说，与互动结构的再生产相关的主要条件是什么呢？这些条件包括以下几种类型：社会行动者的构成性技能；作为能动性的形式，这些技能的合理化；没有意识到的互动情境的特征，这些情境能够促进或允许行动者运用这些技能，这可以用**动机因素**和我所说的**结构二重性**概念加以分析。

在本章的随后部分，我将以语言现象作为参考来展开这些观点，这并不是因为我们可以把社会生活视为某种语言、信息系统或诸如此类的东西，而是因为作为一种社会形态，语言代表着整体社会生活的某些特征——当然，仅仅是某些特征而已。语言至少可以从其生产和再生产的三个方面来进行研究；这三个方面也都是社会生产和再生产的特征。语言被行动者“掌握”和“言说”；语言是行动者之间的沟通媒介；语言具有结构性特征，而且，在某种意义上说，这些结构性特征是由“语言共同体”或语言集体的言语构成的。语言的生产是个体言说者的一系列言说行动；从这个意义上来说，语言是（1）一种技能，或者一套非常复杂的技能，而且每一个“熟知”这种语言的人都拥有这些技能；（2）是积极的行动主体进行的创造性活动，可以用来“产生意义”；（3）是言说者所做的——所完成的——事物，但是言说者却没有完全意识到他是怎么做的。也就是说，对于他们所使用的技能是什么，或者对于他们是怎样使用那些技能的，个体可能仅仅能够提供一些凌乱的说明。

作为**互动中的沟通媒介**，语言涉及：运用“阐释框架”（interpretative schemes）来理解别人所说的话，以及他们要表达
110 的意义；在持续的交往中将“意义”发展成为一种主体间性的相互理解；运用情境暗示（contextual cues），这些暗示是场景的特征，也是构成和理解意义的组成部分。作为一种结构，语言并不是个别言说者所拥有的，而只能视为言说者共同体的特征；语言可以视为一套抽象规则，但不是被机械地使用的，而是被语言共同体成员创造性地使用的。我要说的是，社会生活因而可以被视为一套**被再生产的实践**。社会实践也可以按照上面区分的三种路

径进行研究：首先，社会实践是由一系列行动构成的，是由行动者“完成的”；其次，社会实践是各种**互动**形式，涉及意义的沟通；最后，作为构成性**结构**（constituting structures），社会实践是“集体”或“社会共同体”的特征。

“有意义”沟通的生成

互动的生成有三个基本要素：作为“有意义的”互动的构成；作为道德秩序的互动的构成；作为权力关系的互动的构成。我暂时不考虑后两者，是因为它们太重要了，必须详加考察。最后，这些要素必须要结合起来，因为虽然它们在分析的意义上是可以分开的，但是在社会生活中，它们是微妙而紧密地交织在一起的。

“有意义的”互动的生成，首先依赖于相互“领会”（奥斯汀的用语）沟通的目的；其中，语言是主要的媒介，但却不是唯一的媒介。除了领会沟通的目的之外，在所有的互动过程中，一方都对另一方行为的理解模式感兴趣，而且也有能力揭示这些理解模式——比如，对于动机的理解。如果“完全相互理解”的理想对话模式仅仅是一个可能的哲学世界，那么微妙的日常互动就好像是琐碎的小麻烦。梅洛-庞蒂说：“言说的目的也就是希望被理 111
解的目的。”[13]不过，这种说法也应该适用于这个哲学命题本身；此外，在日常生活中的互动中，言说的目的有时候也是打击、迷惑、欺骗和误导。

互动是行动者的构成性技能的产物；因此，要对互动进行充分的分析，就必须认识到这一点：互动的“意义”是积极而持续地协商的结果，而不是确定性意义的程序化沟通；我认为，这也是哈贝马斯把“语言能力”与“沟通能力”区分开来的实质。像我已经强调的那样，互动存在于时空之中。但是，如果我们没有认识到：在互动的生成过程中行动者总是使用或者**依赖**这种过程，那么这个观点不过是乏味的陈词滥调。在每一时刻，对别人反应的预期影响着每个行动者的行动，后来发生的事情都会改变以前发生的事情。像伽达默尔强调的，实际的社会生活就会本体性地呈现出“阐释循环”特征。虽然“情境依赖”这个术语可以以不同的方式进行阐述，但它应该被视为互动中意义的构成因素，而不仅是一种形式化的分析。

以明确的描述理论（theories of definite descriptions）作为基础，哲学家经常讨论这种句子的模糊性：“A 想和一个她父母不赞同的人结婚。”不过，需要指出的是，如果这种讨论是要从互动的意义沟通中剥离出一种抽象的逻辑结构，那么这种讨论完全可能变成一种误导。这里的“模糊性”是情境中的模糊性；这种模糊性不能与某个词语或句子在情景中可能具有的含义相混淆；这种模糊性指的是在特定的时间特定的言说者所表达的含义。例如，在前面提到的例子中，如果交谈过程提及了 A 的婚姻计划中的那个人，那么那句话可能就不是模糊的；或者，如果这一交谈过程已经使谈话参与者明白，A 选择的伴侣是她父母所反对的，即使
112 他们并不知道那个人具体是谁，那句话也不是模糊的。另一方面，脱离语境的陈述可能显得十分模糊。比如，“A 期盼着明天结婚”，这句话可能是模糊的；比如说，如果这句话是一种挖苦讽刺，而听者又不能确定言说者是不是“在表达他所说的意思”，这句话也

就是模糊的。幽默、反语和讽刺都在某些方面取决于话语的多种可能性，而这些都是构成互动的“意义”的技能性因素。[14]

这些能力都明显地涉及能够以陈述的方式来表达的“知识”，但是，渗透其中的时间和空间因素显然不能从这些方面进行把握。举一个齐夫（Ziff）讨论过的例子。语言学家有时这样认为，在日常的沟通情境中，像“桌子上的钢笔是金质的”这样的话，能够以形式语言（formal language）表达为一系列陈述；这些陈述是在描述“相关的”情境特征，而且参与者完全理解它们。[15] 因此，将“桌子上的钢笔”，说成“在1992年6月29日的早晨9:00唐宁街10号的前厅的桌子上仅有的一支钢笔”，就可以精确地表明这句话所指的事物。但是，正如齐夫所指出的，上面这样的句子并没有考虑参与者在日常接触中已经知道的东西；在日常接触中，参与者制造、理解和使用言语，从而形成对句子的相互理解。即使不知道那个长句子中的附加因素，听者或许也能够完全理解所说的内容及其所指的事物。此外，做出如下假设是错误的：如果日常沟通使用上面那种较长的句子，那么精确性会提高，或者模糊性会降低。在特定的情境中说的第一句话，既严密又明确；然而，后面那个长句子的使用则可能带来更大的模糊性和不确定性，因为这个句子包含了很多大家都已经“知道”的东西。

大部分形式的日常互动都发生在主体间性地“一致同意”的世界中，毫无疑问，对于维持这个世界，说明情境的物理特征是 113
极其重要的。但是，作为互动生成中使用的一种要素，“对直接的感性环境的认识”不可能与创造和维持日常接触的共同知识背景完全分开，因为前者是根据后者进行归类和“阐释”的。我使用的“共有知识”是指一种类型的知识，即默认的“知识”；行动者假定，如果他们是健全的社会成员，其他人也拥有这种知识；而且互动中沟通的维持也运用这种知识。这种知识包括波兰尼所说的“隐性知识”（tacit knowledge）；这种共有知识具有“型构性特征”（configurative）[16]。即使在最随意的口头交流中，领会沟通目的也需要并使用广泛的知识库存。一个人对另一个人说：“你想打一场网球比赛吗？”对此，另一个人回答：“我还有工作要做。”这个问题与回答之间有什么关联呢？[17] 领会话语“包含的意思”，不仅必须知道“比赛”和“工作”在词典中的定义，而且必须知道社会实践中那些不容易明确表达的知识因素，正是这些知识因素才使得第二句话（可能）成为第一句话的**恰当的**答案。如果这个回答不是特别古怪的话，那是因为人们都“知道”：当工作与游戏在时间分配上发生冲突时或在其他情况下，工作通常优先于游戏。当然，询问者能在多大程度上“接受某个回答”并将其视为“适当的”，又依赖于事情发生的情境。

共有知识是以**阐释框架**（interpretative scheme）的形式被运用的；在互动中，阐释框架创造和维持着沟通的情境。在分析的意义上，这种阐释框架（“典型化”）可以视为一系列生成规则，这些规则可以让行动者理解言语的言内行为。共有知识是一种“背景知识”，因为这种知识是默认的，很大程度是未加明确表述的；另一方面，这种共有知识又不是“背景”，因为在社会成员互动过程中，社会成员不断地实现、展现和改变这种知识。换句话讲，默认的知识不可能完全是默认的；行动者需要“证明”其中某些因素的相关性，
114 有时还需要为此而斗争；共同知识并不是行动者现成准备好的，

行动者会生产和再生产这些知识，这也是他们的连续性生活的组成部分。

互动的道德秩序

互动的道德因素与互动的"意义"因素和权力关系因素是有机地联系在一起的。它们之间的每一个联系都是同等重要的。在具有强烈自然主义立场的社会理论（尤其是，涂尔干）及其最激烈的批判中，规范都非常重要。虽然涂尔干在其后期著作中才详细阐述他的独创观点，但是他始终强调规范的**限制性**或强制性作用：**制裁**的概念就说明了这一点。另一方面，舒茨、温奇和其他学者，则更关注规范的"授权"性或"赋能"性。我认为，规范同时具有**约束性**（constraining）和**赋能性**（enabling）。我主张将"规范"和"规则"区分开来，但是大多数后维特根斯坦哲学家往往把这两个词作为同义词随意使用；我将规范性规则或道德性规则视为包罗万象的"规则"概念的一个亚类，而把那种包罗万象的"规则"概念等同于"结构"的概念。

作为道德秩序的互动的构成可以理解为**权利**的实现和**义务**的履行。两者之间存在一种逻辑对称，但是这种对称实际上是可以被打破的。也就是说，一个日常接触中，某个参与者的权利表现为另一个人以"适当的"方式做出回应的义务，并且反之亦然；但是如果义务没有得到认可或尊重，或者如果没有有效的约束，那么这种关系就会被打破。因此，在互动的生成过程中，所有的规范要素都必须被视为一系列**要求**，而这些要求的实现依赖于其

他参与者能够切实地履行义务。因而，规范性制裁在本质上不同
115 于（像涂尔干认识到的那样）那些技术性或效用性制裁，后者有点像冯·赖特（Von Wright）所说的“强迫性规定”[18]。比如，在“不要喝污染了的水”这样的规定中，做出这样的行为“机械地”产生了这种制裁（中毒的风险），它依赖于自然事件式的因果关系。

然而，在做出这种区别时，涂尔干忽视了一个至关重要的方面：在互动生成过程中，参与者会以“功利主义”的方式对待规范，而且这在概念上也与规范要求实现的偶然性相关。也就是说，一个规范性要求之所以被认为有约束性的，不是因为行动者将义务视为一种道德责任，而是因为他预期到并想避免他的不遵从所带来的惩罚。因此，为了追求其利益，行动者对待道德要求的方式与对待技术性规定的方式是一样的；在两种情形下，行动者都要“计算”某个特定行动所带来的“风险”，即逃避惩罚的可能性。这种假定犯了一个基本错误：道德义务的履行必然意味着道德责任感。

违反道德要求所导致的制裁不同于自然事件的机械必然性，而是涉及其他人的反应，违反者也有一定的“自由空间”来**商讨**惩罚的性质。这也是规范秩序的生成和意义的生成之间的一种联系方式：违反行为的界定是可以协商的；违反行为的界定或识别方式，又会影响到它所受到的惩罚。在法庭上，这种现象是很常见的，也是规范化的，同时，这种现象也普遍存在于日常生活中的整个道德领域。

在抽象的层次上，根据制裁所使用的资源，我们可以很容易

地对各种制裁进行分类：有些制裁是“内在的”，涉及行动者的人格因素；有些制裁是“外在的”，需要借助行动的情境特征。根据制裁对象的需求，我们可以对以上两种类型进行进一步的分类： 116
制裁主体所使用的资源可以是“肯定性的”或“否定性的”。因此，“内在”制裁的实现，可以采用肯定性的道德责任感，也可以采用否定性的焦虑、恐惧或者愧疚；“外在的”制裁可以是提供奖励，或者也可以威胁使用暴力。显然，实际的互动可能会同时使用多种制裁方式，而且，除非“外在”制裁也包括“内在”制裁，否则它不可能有效：只有当奖励满足一个人的需求时，奖励才成为奖励。

对规范的“阐释”以及让互动参与者接受某种“阐释”的能力，都与他们对道德要求的遵从有着复杂而微妙的关系。忽略这一点或者没有说明这一点，不仅是涂尔干—帕森斯的功能主义的缺陷，也是后维特根斯坦哲学的缺陷。互动中的道德协调与互动中的“意义”生成和权力关系之间的相互依赖是不对称的。这里包括彼此紧密联系的两个方面：（1）不同的“世界观”——或者，更宏观地说，关于“**是什么**”的界定——可能出现冲突；（2）对“共同”规范的不同理解可能会发生冲突。

互动中的权力关系

我想说的是：在逻辑上，“行动”的概念**与权力的概念是紧密联系的**。在某种意义上说，哲学家也认识到了这一点；他们讨论“可以”“能够”或者“权力”的时候，都与行动理论相联系。

但是，他们的这种讨论很少与社会学中的权力概念联系起来。我们可以简单地说明“行动”和“权力”之间的关系。从本质上说，行动包括运用“手段”以实现某种结果，在事件过程中，行动者的直接干预带来某种结果，“目的性行动”是行动者行动或不行
117 动的一种类型。权力是指能动者调动资源以构成那些“手段”的能力。在最一般的意义上说，“权力”是指人类行动的**改造能力**（transformative capacity）。为了让概念更清晰，我从此将在第二种意义上使用“权力”的概念；第一种含义则是更加具体的、关系性的“权力”概念。我也将在后面进一步阐明这个概念。

在马克思那里，人类行动的改造能力被置于显著地位，而且是**实践**概念的关键要素。所有的社会理论体系都必须以某种方式讨论这一点——自然的改造和人类社会动荡不安的自我调整。但在许多社会思想流派中，行动的改造能力被视为一种抽象的二元对立：一方面是中立性的自然界；另一方面是“价值性”的人类社会世界。这些流派，特别是与功能主义有关的、强调社会对“环境”进行“适应”的那些流派，很容易抛弃对历史性的考察。只有在相互联系的黑格尔哲学和（某些版本的）马克思主义传统中，行动的改造能力——作为自我改造的劳动过程——才被置于社会分析的中心位置。正如洛维特（Löwith）所说的，劳动是“一种改造运动……一种塑造或‘型构’，因此是自然界中出现的一种积极的破坏活动”[19]。毫无疑问，马克思虽然没有详细阐述这一观点，但他对这一点的强调仍然是成熟时期马克思的思想基础。我们发现，在《政治经济学批判大纲》中，以他早期“激情澎湃”的语言，马克思断言，“劳动是活生生的、充满激情的；它代表着

事物的非永恒性、暂时性，换言之，事物在现存时间过程中的构成”[20]。然而，马克思后来越来越关注劳动的特定形式——资本主义—工业化劳动分工中的“职业”，而没有更加关注作为能动改造能力的劳动，并且，正如我前面初步表明的，人们社会交往中的权力关系，被视为阶级关系的特殊特征，而不是被视为社会互动的普遍特征。

作为人类能动性的改造能力，权力是行动者干预并改变事件过程的能力；因此，它是介于目的或需求与所追求的结果的实现 118
之间的“能力”。在狭义的、关系性的意义上，“权力”是互动的一种性质，可以被界定为确保某种结果发生的能力，而这些结果的实现依赖于其他人的能动行为。正是在下面这一意义上说，一些人对另一些人而言具有权力：这种权力是一种支配。在此，我们必须提出以下一些基本观点：

1. 无论在广义上还是狭义上，权力指的都是**能力**。和意义的沟通不同，权力的存在不依赖于权力的“行使”；即使我们没有其他的标准来证明行动者所拥有的权力，也是如此。这一点非常重要，因为如果按照这一点，我们就可以说：“积累”权力以备将来之用。

2. 权力和冲突之间的关系是偶然性的：正如我所阐述的，两种意义上的“权力”概念，在逻辑上都不意味着冲突的存在。这一观点完全不同于社会学文献中对“权力”概念的使用或误用；其中最著名的“权力”概念或许是韦伯的界定；他认为，权力是“即使面对别人的反对，某个人也能实现其意志的能力”[21]。在对这一定义的许多引用中，对“即使”这个词的省略具有显著影响。如果省略了“即使”，权力也就意味着冲突了，因为只有战胜了别人的反对、征服了他们的意志的时候，权力才会存在。[22]

3. 与冲突和团结直接相关的概念是“利益”，而不是“权力”。如果权力和冲突现象经常同时出现，这不是因为其中一个现象在逻辑上暗含着另外一种现象，而是因为权力与追求利益相关，而人们的利益又可能不一致。我这里想要表明的是，权力是所有人类互动的一个特征，而利益分化却不是。

4. 这并不是说：在所有的现实社会中，利益分化都可以被超越。我们必须反对将“利益”与假想的“自然状态”联系起来的做法。

119 互动中使用的权力可以理解为资源或工具，这些资源或工具也是权力关系的生成要素，互动参与者携带和调动这些资源或工具，并由此把握权力的运行方向。这既包括互动“意义”的构成技能，也包括——在此只需要抽象地说明一下——互动参与者携带的、能够影响或控制其他互动参与者的行为的所有其他资源，比如拥有的“权威”“暴力”的使用或使用暴力的威胁。本研究不适合详细阐述权力资源的类型。在这一问题上，我只想提供一个一般性的概念框架，从而将权力概念整合到本章所提出的理论中。但是，我们需要做的是，将权力分析与前面讨论的互动中意义的生成联系起来。

要解决这一问题，我们最好简要地回顾一下帕森斯的“行动参考框架”，或者更具体地说，我们最好回顾一下受常人方法学影响的那些学者对帕森斯所做的批判。粗略地说，这种批判采取了如下这种形式。他们认为，在帕森斯的理论中，由于价值观念“被内化为”人格中的需求—倾向，行动者会程序化地采取行动

（在非规范性的行动条件下）。行动者被描绘为不能思考的文化傀儡，他们与其他人的互动是这种需求—倾向的产物。但是，这些互动事实上却是一系列的技能性活动。我认为，这种批评是正确的，但是，持有这种观点的人却没有充分地说明这种观点的影响。用加芬克尔的话来说，他们仅仅对“可说明性”感兴趣，仅仅对沟通和沟通情境的认知管理感兴趣。他们将这些现象视为行动者相互“劳动”的产物，但却总好像是平等主体之间合作的结果，每一个人为互动的产生做出了**同等的**贡献，他们仅仅是要维持一种“本体性安全”，并以此来建构意义。在这种观点中，我们也可以看到帕森斯的秩序问题的影响，只不过放弃了帕森斯理论的意志性内容，并转而强调无实质内容的对话。

在此背景下，我们必须强调：意义框架是**实践活动的中介**，也体现了行动者的权力差异。对于社会理论而言，这一点非常重要；社会理论必须面对的主要任务之一是，考察社会互动中权力和规范的相互融合。**与权力占有相关，意义框架的反思性说明总是不平衡的**——无论这种不平衡是高超的语言或方言能力，还是相关的“专业性知识”的占有，还是权威或“暴力”的使用等。“所谓的社会现实”与权力分配直接相关——不仅在最世俗的日常互动层面上，而且在总体的文化与意识形态层面上，它的影响在日常社会生活的各个角落都能感受到。[23] 120

合理化和反思性

我已经指出过，在大多数传统社会思想流派中，反思性都被视为一种微不足道的麻烦；结果，要么完全忽略它，要么尽可能压制它。这种情况发生在方法论中：“内省”被认定为反科学的方法，这种情况也发生在描述人类行为的概念中。但在人类生活中，没有什么比行为的反思性监控更加重要和更加独特了——所有“健全”的社会成员都期望其他人能够进行反思性监控。在不承认这一点的重要性的社会思想中，存在着一种奇怪的悖论，他们的批判者也经常指出这种悖论：作为作者，他们认识到了自己的这种“能力”，但是在对他人行为的分析中他们却又完全忽略了这一点。

没有行动者能够毫无遗漏地对行动流进行监控。当我们询问他在某个特定的时间和空间为什么那样做时，他可能会回答“不为什么”，但是这并不影响别人接纳他，别人也不会认为他是没有
121 “能力”的。但是，这仅仅适用于琐碎的日常互动中，却不适用于被认为非常重要的行为上。在后一种情况下，人们总是期望：当被问及时，这个行动者能够提供理由（在此，我并没有考察这种情况在多大程度上也适用于西方文化之外的文化）。给出理由需要行动者用语言说明指导自己行为的东西，尽管这种指导可能仅仅是暗中进行的。因此，我所使用的“合理化”概念稍微不同于下面这种“合理化”概念：为已经发生的事件提供虚假的理由。给出理由与行动的道德责任评价紧密相关，因此很容易与虚伪或欺骗联系起来。但是，认识到这一点并不是说：所有的理由都不过是行动者依照公认的道德责任标准对自己的行为提供的“原则性解释”，无论他们的行为是不是真的包含这种道德责任。

在以下两种意义上，行动者可能认为理由是“有效的”，而

且这两种意义的相互联系对社会生活也非常重要。第一种意义是，一个能动者所陈述的理由在多大程度上描述了自己对行为的监控；另一种意义是，能动者的解释在多大程度上符合自己所处社会环境所**公认的**“合理”行为。第二种意义又或多或少地依赖于普遍存在的整体信仰模式——为了对行为进行原则性解释，行动者会参考这种整体信仰模式。舒茨所说的行动者占有的、在互动中运用的“知识库存”，实际上涵盖了在分析的意义上可以区分开来的两种要素。其中有我已经说过的“共有知识”，即行动者赖以构成和理解有意义的社会生活的阐释框架。这种共有知识应该与我说的“常识”区分开来。常识是由或多或少地明确阐述的理论性知识组成，可以用来解释自然界和社会世界中的事物和事件。常识性信仰通常是共有知识的基础，参与者又将共有知识带入日常接触中，共有知识从根本上依赖于常识所提供的“本体性安全”的框架。

常识绝不仅仅是实践性的——“食谱知识”。从某种实质意义 122
上说，常识来源于“专家”的活动，是对“专家”活动的反应，而专家则直接对文化进行明确的合理化。“专家”包括所有那些拥有进入专门知识领域的特权的人——牧师、巫师、科学家、哲学家。当然，常识在某种程度上也是普通人积累的智慧，但是，常识性信仰反映和体现了专家提出的观点。正如埃文斯-普里查德所指出的，欧洲文化中的人将雨视为“自然原因”的结果（这可能是气象学家提出的解释），但这可能仅仅是一种基本的解释；一个阿赞德人则在不同的宇宙观中认识雨的来源。[24]

对社会学来说，通过常识进行的行动合理化过程具有深远的意义，因为社会科学家自称是提供权威“知识”的专家。因此，这提出了一个至关重要的问题：社会学研究和理论在何种意义上可以修正行动者用来建构和产生（作为社会学研究对象的）社会的“知识库存”？为了不在抽象的层次上影响后面的讨论，我们首先必须考虑以下两个问题：第一，动机；第二，社会整体的结构性特征。对这两个问题，行动者可能都没有清楚的认识。

行动的动机

下面这种观点可能是错误的：对于他人的行为，行动者所要寻找和接受的解释就是他们对行为进行的合理化，即假定行动者充分地理解他在做什么以及为什么那样做。像我前面所提到的那样，日常英语没有清楚地区分“理由”和动机：一个人问“他做
123 Y事情的理由是什么”等于问“他做 Y 那件事情的动机是什么”。然而，我们已经认识到，询问一个人行动的动机，可能是在询问行动者可能没有完全意识到的行为因素。我认为，正是因为这样，“无意识的动机”概念并没有违背日常英语的用法，而“无意识的理由”概念似乎更难以接受。因此，我所使用的“动机”概念，是指行动者可能没有意识到的需求，或者只有在他完成了与动机相关的行动之后，行动者才可能意识到这个动机。事实上，这种用法与日常用法非常吻合。

在发展的意义上说，根据一个人在生命的特定时点上的需求分布，人类动机应该被视为**层级性**排列的。一个婴儿还不具备反思性能力：一个人监控自身活动的能力，从根本上说依赖

于对语言的掌握。当然这种说法并不妨碍米德下面这个观点的有效性：在最原始的层次上说，反思性的基础是婴儿与其他家庭成员互动中的社会关系的相互性。虽然幼小的婴儿可能会知道一些词汇，并用这些符号与他人进行互动，但是在两岁和三岁之前，儿童并没有广泛地掌握语言能力，或者没有掌握复杂的主体“我”、客体“我”和“你”等指示性词语。只有具备了这些能力，他才可以（或被期待）像成年人那样具有对自己的行为进行监控的基本能力。不过，虽然儿童并不是天生的反思性动物，但却是天生具有需求的；这些生理需求的满足依赖于别人的供给，也促使他们扩大社会参与。因此，我们可以认为，就婴儿而言，早期阶段的“社会化”包括“紧张关系处理”能力的发展，从而可以主动地让自己的需求适应他人的需求或期望。

由于生理需求管理模式是儿童对世界的最初适应（从某种重要的意义上说，也是全面的适应），我们可以认为，一个“本体 124
安全系统”——根植于生理需要的、原始水平的紧张关系处理系统——仍然是其后人格发展的核心。由于这个过程是在儿童获得语言能力之前发生的（这种语言能力是儿童有意识地监控其学习所必需的），我们也可以认为，这些过程“低于”行为的那些后来特征，因此，经过后来的学习以及对这种学习的反思性监控，年龄较大的儿童或者成年人可以很容易用语言来描述——因此，意识到——这些过程。但是，如果将婴儿的早期学习过程仅仅理解为对外部给定世界的“适应”，那么这种理解也是误导性的。从生命的最初几天开始，婴儿就在主动地塑造与他人互动的情境，就在某些方面拥有与他人的需求相冲突的需求，就可能卷入与他人的利益冲突之中。

人类需要是层级性排列的；这些需求包括了行动者很大程度上没有意识到的、根本的“本体安全系统”。当然，这种观点并不是没有争议的。这种观点与精神分析理论有很多共同之处。但是，这并不是说，这个观点同意弗洛伊德理论或临床治疗框架的细节。

像社会生活的所有其他方面一样，“本体性安全”框架也是普通行动者持续行动的结果。互动模式的生成，需要共有知识来确保互动是“毋庸置疑的”，互动也因此在很大程度上是“默认的”，本体性安全也才得以日常性地实现。当日常性的实现被打乱时，行动者习惯性的构成技能就不再与行动的动机相匹配了，“危机情况”就出现了。因此，大多数日常生活中的、通常毫无疑问的“存在性安全”具有两种相互联系的类型：关于自我和他人的、**认知性的**世界秩序的维持，以及对需求进行管理的“有效”秩序的维持。动机中的张力和矛盾可能来源于其中任何一个方面，也因此可以理解为需求层级中不同“层次”之间或各个“层次”内
125 部的冲突。

结构的生产与再生产

韦伯所说的“行动”与“社会行动”的真正区别，是行动与具有沟通目的的行动之间的区别，后面这种行动是互动的必要条件。从这个方面来说，相互取向可以视为互动的本质特征，其他因素——比如，一个人所崇拜的影星并不知道他的存在——都是

行动的特征。这里，后面将进一步展开的两点需要特别加以明确。

1. 沟通目的，即沟通中“意义”的生成，仅仅是互动的一个要素。同样重要的是，正如我已经说明的，每一个互动也是一个**道德关系**和一个**权力关系**。

2. 集体是由其成员之间的互动“组成的”，而结构却不是。然而，任何互动系统，从偶然的接触到复杂的社会组织，都可以进行结构性分析。

社会学中的结构分析可以通过比较我所说的“言语”（行动和互动）和“语言”（结构）来进行，后者是言说者共同体的一种抽象的“性质”。这不是一个**类比**：我绝不是在说“社会像一种语言”。（1）言语是“情境性的”，也就是说，是存在于时间和空间中的；而语言，像利科所说的，是“虚拟的和存在于时间之外的”[25]。（2）言语包含言说主体，而语言却是没有主体的——除非语言为他的言说者所“掌握”和生产，否则语言甚至是不“存在”的。（3）言语总是意味着他人的存在。在实现沟通目的的过程中，言语是极其重要的；像奥斯汀所阐明的，语言也是有意地制造所有“言内行为效应”的媒介；相反，（自然的）语言，作为一种结构，既不是任何主体有意制造的产物，也不以他人为导向。总而 126
言之，从一般的意义上说，实践是主体的情境性行为，可以通过其有意制造的后果进行考察，并且可能以另一个或另一些人的某个或某些反应为导向；另一方面，结构没有具体的社会—时间情境，是以“主体的缺失”为特征的，而且不能用主体—客体的辩证关系进行分析。

在大部分所谓“结构主义”理论中，尤其是在列维–施特劳斯的著作中，“结构”并没有被视为描述性概念：运用透过表现看本质的转换规则，神话中的结构被区分出来。众所周知，这一观点起源于索绪尔的语言学。无论这种观点在对神话进行系统分析方面具有多么显赫的成就，它都与其起源一样具有局限性，即不能够解决意义的生成和变化问题。利科把列维-施特劳斯的观点描述为“没有先验主体的康德哲学”；至少有一次，列维-施特劳斯显然准备接受利科的说法了，他并没有将此看作一种批评。其后，他又收回了这种立场，似乎仍然不关注“忽略行动主体”的问题。[26]

另一方面，在“功能主义”中，从斯宾塞（Spencer）和涂尔干，经过拉德克里夫-布朗（Radcliffe-Brown）和马林诺夫斯基（Malinowski），到帕森斯及其追随者，“结构”概念的使用都是描述性的，而且很大程度上未加考察，而“功能”的概念则用来发挥解释性功能。涂尔干的社会学引入了功能概念，并将这个概念视为一种解释性因素；由于将历史（和因果关系）与功能区分开来了，功能概念的引入也将时间性排除出社会分析的主要领域。我在其他地方已经指出过，与我们今天通常的认识相比，涂尔干在更大程度上是一位历史思想家。[27]人们通常没有认识到这一点的一个原因是，一旦他从方法论意义上将历史——时间中的事件——与功能进行区分，他就无法将它们重新结合起来了。想要在涂尔干那里找到有关将道德整合的功能性分析与系统的社会变迁分析相结合的理论是白费功夫，在他那里，变迁似乎仅仅是有关进化层级中的各种社会类型的抽象描述。

127 这些观点的确再次出现在了帕森斯的著作中，不过，我们最好还是从起源上、在涂尔干那里考察功能主义的局限。以 19 世纪许多社会思想所特有的方式，涂尔干使用了“有机体类比”。由于我打算彻底放弃“功能”概念，因此我不会追溯默顿等人的功能概念及其发展轨迹。涂尔干力图区分功能（“整体”中各个“部分”之间的关系）和连续性（时间中的事件），但是这种区分是站不住脚的；不参考功能关系中暗含的时间性，功能关系是不可能得到说明的。我们可以说，在涂尔干的理论所依据的生理学类比中，心脏与身体的其他部分存在一种功能关系，促进了有机体生命的总体延续。但是，这种说法掩盖了一系列在时间中所发生的事件：心脏输送血液，通过动脉向身体其他部分运输氧气等。**一个结构可以被描述为“存在于时间之外”，但其“功能”却不是**。在生理学中，从原则上讲，基于功能关系的陈述总是可以转录为因果关系的陈述：血液流动的因果性等。“功能分析”的主要兴趣根本不是“整体”与“部分”，而是在于**自我平衡**的观念。但是，这个问题又可以重新表述为结构**再生产**的问题：比如，相貌中皮肤细胞的不断更替——通过这个过程——保持着相貌的结构性特征。

必须说明的是，结构主义和功能主义的失败并不涉及社会理论中对“结构”概念的使用，虽然两者在术语使用上都与“结构”相关：上面两种思想流派没有充分认识到，社会生活是积极的行动主体的产物。为了说明这一点，我将引入**结构化**概念，并将结构化视为结构分析中真正的解释因素。研究结构化就是力图找出那些决定结构或结构类型的延续或消亡的条件。换言之：**考察再生产过程就是要具体说明“结构化”和“结构”之间的关系**。行

128 动哲学的典型错误是，仅仅考察“生产”问题，因此根本没有发展出任何结构性分析的概念。另一方面，结构主义和功能主义的局限性还在于，将“再生产”视为一种机械的结果，而不是视为能动主体的行为所组成和完成的、积极的构成过程。

一个结构不是一个“团体”“集体”或“组织”，他们**都具有**结构性特征。团体、集体等可以（也应当）作为互动系统进行研究；毫无疑问，系统理论概念在社会科学中的应用可以说是卓有成效的。系统理论对社会科学词汇的影响还非常有限。我们必须清楚这种系统理论与传统的自我平衡系统概念的区别，比如，功能主义就经常使用自我平衡系统概念。相互影响倾向于实现平衡，机械系统或有机系统就包含这种现象，但这并不是严格意义上的自我平衡的例证。这种区别事实上有三重含义。

1. 平衡趋势是通过相互作用“盲目”地运行的，而不是通过控制中心实现的，这里说的控制中心可以对输入和输出进行相互的评估和协调。

2. 自我平衡概念假设了一种各部分之间相互依赖的静止状态。这一概念对系统变迁的解释，使用的是趋于平衡的压力与趋于解体的压力之间的对比（用默顿的话来说就是，功能和反功能所产生的“功能效果的净平衡”），而不是系统内在的自我转型。

3. 在“功能相互依赖”的自我平衡系统中，各个功能关系都被视为平等的。但在社会系统中，由于相互依赖关系时时处处都是权力关系，因此我们必须考察相互依赖的程度。

我已经指出，结构是“没有主体的”。互动是由主体的行为构成的，也是在主体的行为中构成的。抽象地说，作为实践的再生产，**结构化**指的是结构形成的动态过程。我所说的**结构二重性**，是指社会结构是由人类的能动性构成的，同时也是这个构成过程 129
的**媒介**。为了说明这个过程，我们也可以思考一下语言现象，这一现象对我们非常有帮助。从句法和语义上来说，只有人们的言语和言语行动中存在某种一致性的时候，语言才能在句法和语义上作为一种“结构”而存在。例如，从这一方面来看，句法规则指的是“相似要素”的再生产；另一方面，这些规则也**创造**了言说行动——口头语言——的整体性。结构二重性是指，结构既是人类行动的结果，也是使人类行动成为可能的媒介。结构的这种二重性必须通过结构化和再生产概念来把握。

社会互动中的结构二重性可以表示如下：

互动	沟通	权力	道德
（形态）	阐释框架	工具	规范
结构	意义	支配	合法化

我所说的“形态”（modalities）是指社会再生产过程中互动和结构的中介。上图中，第一行中的概念是互动的特征，第三行中的概念是结构的特征。互动中意义的沟通涉及阐释框架的使用；通过阐释框架，互动参与者理解他们的言语和行为。在共有知识框架中，这种认知框架的运用，依赖和借助于共同体共享的“认知秩序”；但在借助这种认知秩序时，阐释框架的运用同时也**再生产**着这种秩序。互动中权力的运用涉及工具的应用；通过工具的应用，互动参与者可以影响他人的行为；这些工具来源于支配秩序，这种支配秩序的应用同时又再生产着这种秩序。最后，互

130 动中的道德构成涉及规范的运用；规范来源于合法化秩序，而合法化秩序的运用同时又再生产着这种秩序。沟通、权力和道德是互动的有机构成因素；同样，意义、支配和合法化是结构的特征；这些特征只有在分析意义上才能区分开来。

意义结构可以被视为**语义规则**（或传统习俗）系统，支配结构可以视为资源系统，合法化结构可以视为**道德规则**系统。在所有具体的互动情境中，社会成员都利用那些生产和再生产的形态，不过，这些形态是有机的整体，而不是三种相互独立的组成部分。与集体的整体性相关，就语义和道德规则的有机系统而言，我们可以说存在一个共同文化。在互动构成过程中，行动者对语义和道德规则的使用，可以用维特根斯坦对规则的遵从行为的分析方式进行考察。也就是说，了解一个规则，并不是能够对这个规则进行抽象的说明，而是要知道如何在新环境中运用它，这就包括了知道它的应用情境。但是，我们必须谨慎地承认游戏类比的局限性，在《哲学研究》中，这种游戏类比被用来表达语言游戏与生活形式的融合，而且后来的行动哲学家也经常使用这个类比。游戏规则通常是一种不同类型的规则。这种规则的应用边界——“游戏范围”——通常是明确界定的和毫无疑问的。而且，这些规则或多或少是理性地相互协调的，因此构成了一个统一的整体。一些社会实践，包括仪式和礼仪，也具有封闭性特征［赫伊津哈（Huizinga）、凯洛斯（Caillois）等人曾经指出，宗教活动尤其具有很大的相似性］；因为这些实践和日常生活中的利益是分离的，因此也不会从内部产生很大变迁。但我们不能认为，大部分规则系统都是如此。大部分规则系统更加不统一，而且会经常经受模糊的“阐释”，因此它们的运用或使用是**充满争议的**，是**竞争的**过程，而且在社会生活的生产和再生产过程中，它们会经受持续的转变。因此，考察资源的组织非常重要。在互动层面上，行动者能够利用这种资源进行制裁，而在结构性整合的层面上，这些资源可以支持不同的意识形态。 131

结构化进程将以下两个过程紧密地联系在一起：一个是作为系统的集体或组织的**结构整合或结构转型**；另一个是生活世界层面上的，互动的**社会整合或社会转型**。但是，我们需要认识到，互动的整合形式与它们所再生产的系统不一定是直接对应的。因此，我们有必要对**冲突**和**矛盾**进行区分。冲突概念与“利益”概念紧密相关（尽管未必一定如此，因为行动者可能会搞错他们的利益所在），在逻辑上也涉及行动者带入互动中的“需求”概念。由于在利益冲突的背景下会产生积极的斗争，因此冲突是互动的一种特征。另一方面，矛盾应该理解为集体的一种结构性特征，而且与冲突事件仅仅是一种偶然的关系。矛盾可以理解为结构“原则”之间的对立：比如，在欧洲历史的某个时期，封建主义的劳动固定分配与新型资本主义市场带来的劳动自由流动之间的矛盾。为了避免将矛盾等同于“功能不协调”，我们必须认识到，在社会整合层面上，这些“原则”总会产生暗含的或明确的利益分配——例如，一种特定类型的行动者（企业家）的利益是促进劳动力的流动，而其他行动者（封建地主）则具有相反的利益。但是，社会整合层面上的冲突不一定导致系统性矛盾，矛盾的存在也不一定表现为公开的斗争。

在社会学分析中讨论“结构”和“结构化”，并不等于讨论他们的**物化形态**（reified mode），他们的物化形态应该被视为普通行动者生活世界中的现象。在物化形态中，集体成员不是将集体视为他们自己创造的实体，而是将集体视为外在性事物，因此剥
132 离了集体作为人类产物的特征。结构和结构化等概念承认客观化（objectification）和物化（reification）之间的区别。忽略这种区别是社会理论中唯心主义的特有标志。显然，物化的消除与下面这种可能性相关：行动者（在认知上）意识到，结构是他们自己的产物，并（在实践上）重新控制结构。但是，超越物化思想的这两种含义很容易被混淆。这种混淆导致了唯理性主义社会批判；这种批判认为，认识到人类社会生活的境况，**事实上**也就实现了控制。

小　结

最后，我们应该概括一下本章的主题。我一开始表明，涂尔干的社会学和帕森斯的“行动参考框架”虽然涉及本研究所要讨论的很多问题，但这些思想仍不能令人满意。帕森斯虽然使用了“行动参照框架”这一术语，但他的框架实际上并没能建立一种行动理论，正如我对此概念的阐述一样；它所说的社会生活中的利益分化，不过是“个体”和“社会”——被视为道德共同体——之间的对立。相应地，社会冲突的起源是不完全的道德责任缺失，这种道德责任将个体行动者的动机与社会稳定所依赖的“核心价值观念”联系起来。马克思的著作好像提供了一个完全不同的分析框架，其中，权力、利益分化和斗争是主要特征。但是，由于

他一生都在集中关注资本主义政治经学批判，马克思再也没有回到更一般的本体论问题，虽然他的早期学术生涯曾经关注这个问题。因此，就实践和人类劳动的改造能力等概念而言，马克思只是为我所关注的问题提供了一个初步准备。

我已经说明：社会的生产时时处处都是社会成员的技能性产 133
物。本书第一部分所讨论的那些阐释社会学思想流派都认识到了这一点，但他们都未能成功地整合这种观点和另一种同等重要的观点，即如果人类创造了社会，但它们不是在自己选择的条件下进行的。这种观点在大多数决定论思想流派中占据支配地位。换言之，我们必须用社会再生产的思想来补充社会生产的思想。对于社会的生产和再生产概念化而言，言说和语言为我们提供了一系列有用的线索——不是因为社会如同一种语言，而是因为作为一种实践活动的语言是社会生活的核心；因此，在**某些**基本方面，语言可以被视为所有社会过程的典型例证。言说（行动）包含着主体（行动者），并且言说行动是位于情境之中的——就像言说者之间的对话（互动）。言语和对话都是复杂的生产者的产物：另一方面，知道如何生产绝对不同于能够详细说明使这种生产成为可能的环境，也不同于能够详细说明它们所带来的意外后果。下面这一点至关重要：从结构性特征来看，（自然）语言是言说行动和对话的产生和实现条件，但也是言语和对话的意外后果。**结构二重性**是社会再生产过程的内在特征；从原则上说，结构二重性也应该被视为**结构化**的动态过程进行分析。从分析的意义而言，我们可以区分出互动形式生成的三个要素：所有互动都涉及（试图进行的）沟通、权力的运作和道德关系。参与互动的行动者“实现”这些要素的形态，也可以视为结构再生产的方式。

我所说的“结构”概念，不是对“组成”组织或集体的互动关系的描述性分析（功能主义传统持有这种观点），而是构成性的
134 规则和资源系统。结构存在于“时间和空间之外”；出于分析的目的，结构必须被视为“与具体个人无关的”。我们没有理由反对下面这种做法：应用分析开放系统行为的理论工具，对集体的结构进行分析；但是，我们必须认识到，结构的存在形式是具有特定目的、利益和情境性的行动者的再生产行为。例如，在系统整合层次上之所以可能识别出“矛盾”，是因为在情境化的互动形式层面上，这意味着认识到利益的对立。正是这一点将冲突概念与功能主义“功能不协调”概念区分开来了。为了避免误解，需要强调以下两点：

1. 我们说结构存在于“时间和空间之外”，只是在表明：结构不能被视为具体的行动主体的情境化行动；结构既构成这种行动，也由这种行动构成；当然，这不是说，结构本身没有历史。

2. 研究再生产概念与社会“稳定”的关系，与研究再生产与社会“变迁”的关系，不存在任何特殊的关联。相反，社会变迁概念消除了“静力学”与“动力学”之间的划分，自孔德以来一直到现在，这种划分一直是功能主义的典型特征。每一个有助于结构再生产的行动同时也是一个生产性行动，它是一种创造性行动。因此，在再生产结构的同时，也可能改变社会结构，从而产生变迁——这就像词语的意义会在使用过程中并通过使用过程而发生变化一样。

动机概念对社会理论的重要性主要体现在以下三个方面。第

一，动机要素可能是未被认识到的因果条件——也就是说，可能是行动合理化的反思性监控中不能使用的无意识冲动。原则上说，这些要素与行动者持续的行动合理化过程之间的关系，应该被视为可塑性的，可以为自我理解的发展提供可能性。第二，动机会产生某些特定的**利益**。我们必须宽泛地理解“利益”的概念，它是指所 135
有有助于实现需求的行动。在社会分析中，更重要的是“社会利益”概念；在社会利益中，**其他人**的反应是实现特定利益的手段。第三，动机理论与结构再生产理论直接相关。然而，正如我在本章开头试图表明的那样，下面这种观点是恰当的：动机和“内化的”共同价值观念是一致的，帕森斯就这样认为。这是因为以下两个原因：

1. 这种观点起源于“霍布斯的秩序问题”。霍布斯假设存在一种“一切人反对一切人”的自然状态。这个秩序问题只能通过社会中的利益分化进行解释；但是，这里的利益分化指的是个体行动者的利益与整个社会共同体的利益的分化。

2. 在一个给定的“秩序”中，动机中的责任被认为是对那个“秩序”的道德责任。这样一来，动机对作为支配系统的“秩序”的适应问题就被边缘化了；这种支配系统既体现在社会互动的权力不对称上，也通过这种权力不对称而被再生产。

136

第四章　解释性说明的形式

实证主义在19世纪的社会哲学和社会理论中正处于上升时期，主要表达了以下两种含义：第一，指这样一种观念：所有知识——或者说所有能算作“知识”的知识——都直接反映了某种现实或现实的某些方面，而且这种现实或这些方面可以通过感官进行把握。第二，指这样一种信念：科学的方法和逻辑形式也可以应用于研究社会现象；经典物理学集中体现了这种科学的方法和逻辑形式。孔德和马克思等人都认为，关于社会生活的科学将会把人类精神从教条、习俗和未经检验的信仰中解放出来。但我前面已经谈到过，下面这种信念和做法在20世纪已经遭到腐蚀：将科学知识视为所有知识的范本；依据科学理性的发展程度对人类文化进行等级划分。下面这种信念已经衰弱或丧失：科学知识是知识的最高形式，是唯一值得追求的知识。同时，重新认识了传统或习惯性的信仰和行动模式——此前，这些现象被不假思索地视为习俗和盲目偏见的混合物而加以摒弃。

20世纪二三十年代，哲学中出现了以下两种思潮之间的分裂：一方面，逻辑实证主义比以前更加激进地维护科学知识的优
137 势地位；另一方面，现象学和语言哲学恢复了常识的权威地位，

不仅将常识视为研究主题，而且将其视为研究资源。现象学哲学家认为，自然科学所发展的知识也依赖于自然态度的本体性假设，是次要的知识；而且，他们以此对自然科学进行批判。另一方面，语言哲学虽然没有提出这样的批判，但坚持认为，自然界和社会世界之间存在着逻辑差异，并将注意力集中在社会世界，以此与科学哲学划清界限。但是，现象学和语言哲学最终还是从"自然态度"的角度对社会科学进行了批判。

就社会科学存在的问题而言，现象学和"日常语言"哲学家对常识进行的专业性辩护，与普通的常识态度是一致的。在这种常识态度看来，社会科学的发现，尤其是社会学的发现，注定是无甚新意的，因为他们只不过重述了社会生活参与者已经知道的东西——因此，如前面已经引用过的哲学家洛奇所说的，社会学家对社会行为的解释必然"是多余的和装腔作势的"。社会科学家对这种观点的反驳通常相当随意，他们提供了两种反驳理由。第一，即使社会学仅仅"描述"或"重述"行动者对自身行动所知道的事情，在他所参与的特定社会部分之外，他却没有详尽的知识。因此，我们仍然需要发展明确的、全面的知识体系，而普通行动者对此仅仅持有片面的了解。但是，大部分人继续认为，他们的努力绝不仅仅是描述性的，他们的目的是要纠正和改善行动者在阐释自己和他人行动时所使用的概念。我认为，确实是这样。但是，面对第一章所讨论过的阐释社会学对此提出的批评，这一主张还需要进行详细的说明。这也面临着一系列相当复杂的认识 138
论问题。

实证主义的困境

孔德创造了“实证哲学”和“社会学”这两个术语。他在这两者之间建立的关联，虽然没有实现其预见的社会改革，但却强化了这样一种思想传统，而且对社会学产生了巨大的影响。它以下述命题和不同方式被阐述过：无论人类行为和自然事件之间存在怎样的区别，我们都可以建立一种“关于社会的自然科学”，这种“关于社会的自然科学”与成熟的自然科学具有相同的逻辑形式和解释框架。涂尔干的《社会学方法的准则》可能是这种观点的最激进代表。我们需要简要描述一下它所倡导的归纳方法：在涂尔干看来，社会学的目标以对人类行为的预先观察作为基础，归纳性地建立起关于人类行为的理论。这些观察的内容是行为的外在“可见”特征；观察必须是“前理论性的”，因为理论产生于这些观察。

这种观点认为，这些观察与行动者关于自身和他人行动的观念之间不存在何种联系；研究者的任务是尽可能将这些观察与行动者所持有的常识区分开来，因为这些常识性观念缺乏事实依据。在涂尔干对这种立场的表述中，社会科学家应该在研究之初就提出其概念，并将这些概念与日常生活中的概念区别开来。涂尔干指出，日常活动中的概念“仅仅表达了民众混乱的印象”；“如果我们使用日常概念，”他接着说，“我们可能会区分那些本来应该结合在一起的现象，或者结合那些本来应该区分开来的现象，因此会搞错事物之间的真实关系，也就会误解它们的本质。”社会科
139 学家所进行的观察必须关注“可进行比较的事实”；“日常术语所

依赖的肤浅考察”是不能够发现这些“事实”的“客观关系”的。这种假设始终出现在涂尔干的著作中：（自然或社会的）事物中都存在可识别的“客观关系”；这些“客观关系”存在于研究者对这些事物的描述和分类之前，也决定着这些描述和分类。这一假设实际上导致了专业性分类——不足为奇的是，这一点引起了很多读者的混乱。比如，涂尔干认为，关于自杀的常识性观念与他的研究是不相关的；他进一步对这种现象进行了重新界定；用他的话说，他要“在自杀的名义下，研究事实的秩序”。

因此，《自杀论》中提出的思想，应该是以首先分析自杀的性质为基础的；自杀被界定为“直接或间接地由死者自己的积极或消极的行动所引起的死亡，而且行动者知道这种行动会产生这种结果”[①]。但批评者认为，这种定义根本不能使用。其中一个理由是，涂尔干不能观察到他的界定中的特征，因为他所有的分析都使用了自杀统计数据，而创立这些统计数据的官员可能并不理解涂尔干使用“自杀”所表达的含义。第一章提到的批判者提出了更激烈的批判：社会分析中所使用的“自杀”概念，必须以详细描述行动者本身使用的常识性概念作为基础。因此，我想明确的是：涉及日常语言和社会科学语言之间关系的“适当性”问题，是一个重要的根本性问题。但是，以下这种假设也不能产生有用的结论：我们可以用内在性观念来取代涂尔干所寻求的社会现象之间的“外在性关系”。虽然这种观点在实质内容上完全不同于涂尔干式的观点，但它们在逻辑上却非常相似。两者都假定：社会科学必须建立在对“现实”的描述上，这些现实本质上是“前理论性的”。对于那些受现象学影响的人而言，“现实”是由观念构 140

成的，而不是由行为的“外在”特征构成的。一旦我们确定了这个现实“是”什么——比方说，将“自杀”界定为社会成员所界定的现象——我们就可能在这个基础上进行一般性概括，虽然对于这些一般性概括的内容会存在非常不同的意见。费格尔所说的“正统”自然科学哲学，是由受逻辑实证主义影响的人发展出来的；其主要观点大概如下：科学理论都是“假设—演绎”的体系。理论的创造包括多种层次上的概念区分——在最高层次上，抽象的假设不能根据它们的经验内容进行精确的界定，只能依据它们与其他假设之间的逻辑关系进行精确界定。理论概括中包含的概念与观察语言中的词汇截然不同，后者指的是在进行经验观察时的感知性“土壤”。因此，一定存在一些对应的规则来具体说明在观察语言和理论语言之间的关系。[2] 按照这种观点，经验“数据”迫使我们对“外在现实”世界使用特定的描述和分类模式；早期建立的各种经验主义也这样认为。这也意味着以下两种观点：寻找“确定性”科学知识的根本基础，不仅是可能的，而且是必要的；这些基础必然存在于经验领域中，这种经验领域可以用理论上中立（theoretically neutral）的语言进行描述和分类。

自笛卡尔以来，西方哲学家一直致力于寻求经验知识的基础。在现代，经验主义者和现象学家等也在寻求这种基础。他们提出的答案都假定，主体与客体之间存在一种被动性关系：经验主义者认为，这个基础存在于感性经验中；而现象学家认为，这个基础存在于观念之中，这些观念不同于经验，反而影响着经验。但是，将感
141 性经验视为“起点”的经验主义者，难以解释理论范畴的性质，因为理论范畴和感性数据具有完全不同的形态；因此，必须引入对应

规则（correspondence rules），从而将理论范畴的内容与感性数据的内容联系起来。现象学观点认为，知识的基础是自我可以直接利用的理想类型，但却遇到了相反的难题——如何认识感性经验世界。

以上段落中提到的每一种主张都是有争议的。大多数传统的哲学流派都假定，我们选择的“起点”对科学知识具有决定性的影响，因为基础决定了在其之上所建立的所有事物的性质。但是，所有的知识基础都不是绝对稳固的，或者说都具有理论色彩。“协议语言”（protocol language）的观念——正如奎因（Quine）所说的，一种“难以想象地忠于现实的、毫不装饰的信息媒介”——依赖于波普尔所讥讽的“知识水桶理论”：人的头脑被视为一种容器，出生时是空的，通过我们的感官，原料流入其中，并堆积在那里。[③]这种理论认为，所有的直接经验就都被作为感性数据而接受。正如波普尔在他毁灭性批判中所指出的，对此可以提出很多反驳。关于“感性观察”的陈述不可能用理论上中立的观察语言来表达，在先前存在的概念体系框架中，观察语言与理论语言之间的区别是一种相对区别。

后期发展：波普尔和库恩

在英语世界中［通过巴什拉、康吉杨（Canguilhem）和其他一些人，在法国也出现了某种相同的情况，但人们并不熟悉这里的情况］[④]，波普尔的思想一方面与逻辑实证主义存在某种紧张关系——这主要体现在两个方面：波普尔思想的维也纳学派起源；卡尔纳普、亨 142
佩尔（Hempel）和一些美国学者对波普尔的修订和阐述——另一

方面，波普尔的思想与“更新近的科学哲学”（库恩、拉卡托斯和费耶阿本德）也存在某种紧张关系。[5]最初版本的《科学发现的逻辑》显然从根本上打破了逻辑实证主义的信条，虽然与维也纳学派关系密切的人当时并没有充分认识到这一点。波普尔提出了科学和其他形式的信念或研究之间的区分原则，并强调了演绎逻辑框架中证伪的重要性，从而取代了将意义简化为可证实性的做法。波普尔科学哲学的所有观点，都是以这两个观点的结合作为基础的；他的科学哲学强调大胆而原创的科学创新，也强调批判理性主义在科学家专业团体中的重要性。

对波普尔思想的批判性吸收如今已经非常完善了，这是库恩等人发起争论的结果，也是在德国对波普尔思想进行论证的结果。[6]波普尔的科学哲学不仅充分地打击了逻辑实证主义，而且还破除了传统的科学观念，这种观念将科学视为单个科学家研究某一对象的科学方法；取而代之的是将科学视为一种集体事业、一种制度化的批判理性。但是，正是因为强调后者，波普尔的著作为库恩和科学哲学的进一步发展开辟了道路，而且，库恩和科学哲学的进一步发展很大程度上也脱离了波普尔本人的观点。

社会科学对库恩思想的接受是很奇特的。许多作者都在使用“范式”这个术语，但这个术语或者被笼统地视为“理论”的同义词使用，或者在默顿赋予它的更有限意义上使用。[7]在对社会学进行考察之后，一些学者得出结论认为，社会学中不存在唯一的、普遍接受的范式。但这种结论并没有什么新意，因为库恩之所以要提出范式的概念并将它运用到自然科学的发展中，就是因为他
143 认识到，社会科学中对基本前提存在根深蒂固的争议，而自然科

学则不同——除非是在特定的转型时期。[8]（令人感兴趣但并非完全无关的是，对科学知识与**某些**社会科学传统——即马克思主义和精神分析学——进行区分的努力，也为波普尔的科学哲学提供了动力。）[9]按照库恩的观点，“范式”概念的重要性在于，它指出了一些基本的、默认的理解，这些基本理解为“常规科学”行为提供了框架。但是，在《科学革命的结构》中所使用的“范式”概念，也因此揭示了一系列主要的认识论问题；这些问题很大程度上也是自然科学和社会科学都存在的问题，而且在逻辑上优先于那些使它们区分开来的特征。

因此，在讨论社会科学的特殊问题之前，我将集中讨论一下一般的认识论问题，尤其是那些围绕“不可通约性”（incommensurability）和相对主义出现的问题。

库恩的著作以及受其影响的著作，主要在两个方面指出了波普尔的基本困境：

1. 库恩对“常规科学”的阐述表明，除非在特定的“革命阶段”，科学发展依赖于批判理性的悬置——一套默认的认识论主张——而不是依赖于批判理性内在的“持续的革命”，而这种“持续的革命”却是波普尔科学哲学的核心内容。在这一点上，将库恩与波普尔区分开来的问题，并不是“常规科学”是否存在的问题，而是常规科学是积极地促进还是阻碍科学进步的问题。在库恩看来，就范式的基本前提而言，批判理性的悬置是自然科学成功的必要条件；而在波普尔看来，“常规科学”是对批判性交流的破坏，而批判性交流正是科学区别于教条或神话的独特特征。

2. 库恩等人的主张表明，科学家经常忽略或“不去解释”实验 144

或观察的某些结果；后来，人们才认识到，这些结果与现有理论是不一致的，或者证明现有理论是错误的。在刚刚产生的时候，这些结果被认为是与理论相容的；但是，后来的人却认为这些结果与理论是不可调和的；或者，在发展的现阶段，这些结果被认为是与理论不一致的，但是可以“留给”未来修订后的理论进行解释。

因此，波普尔科学哲学中的证伪概念所遇到的困难，直接与温奇及其上一代的列维-布留尔（Lévy-Bruhl）所提出的问题相关，即西方科学与非工业社会中宗教或巫术活动之间的异同问题。埃文斯-普里查德已经非常明智地说过，阿赞德人的巫术所具有的宇宙观——对于外人来说——似乎是“不能证实的”宇宙观。如果一个人力图用巫术来伤人或杀人，而另一个人却仍然保持健康，解释这种现象是很容易的。神谕会说：在这个特定的情况下，一些未知的事情“出错了”；或者没有完全正确地执行咒语仪式；或者第二个人比第一个人拥有更强的魔法，致使第一个人的努力失去了效力。与阿赞德人在不同于科学宇宙观（可以解读为：“范式”）中对世界的理解相比，在何种意义上（如果存在这种意义的话）西方科学可以认为他们对世界的理解更加具有“真理性”呢？

科学和非科学

要回答这个问题，区分出一些逻辑上相互区别（也是相互联系的）的问题非常关键：（1）科学是如何与非科学——尤其是，社会组织层次上的宗教和巫术——相区分的；（2）科学认识论的
145 “基础”；（3）证伪作为一种科学程序原则的重要性；（4）科学发

展过程中范式的调和。

科学与非科学区分

对非洲人宇宙观的讨论表明，西方科学的社会组织的独特性是很难描述的。这些宇宙观能够对世界事件提供一致的、全面的“解释性说明”，它们都为自我批判和修正他们所产生的知识留出了空间。如果我们承认，大多数西方科学都类似于库恩所说的“常规科学”，包含默认的假设，而且这些假设能解决日常生活中的“解决难题”；如果我们承认，与宗教和巫术一样，科学在很大程度上也以实际目的作为导向，能够产生特定形式的技术，那么科学家的活动与巫师的活动是十分相似的。目前，强调这些相似性非常重要，对这些相似性的认识会消解面对其他知识类型时表现出来的思想傲慢——早期的逻辑实证主义就表现出这种傲慢。但是，这不同于忽视宗教、巫术与科学之间的差异（由于可以用宗教、巫术来概括传统宇宙观的特征，我们可以忽略传统宇宙观的多样性）。对此，我将进行简要评论。

将西方科学与**大多数**类型的宗教、巫术实践区分开来的差别包括以下这些特征。首先，科学所依赖的世界观认为，“自然”中的事件是客观力量的结果。“力量”这个词似乎起源于宗教，在宗教或巫术体系中也经常可以发现客观力量的概念，但大部分涉及人格化的上帝、灵魂或魔鬼。其次，在专业共同体中，科学模式的公共形象被制度化了，包括理论形成模式和经验观察模式。将科学事业合法化的理念包括自由讨论和批判检验，这些理念与实 146
际实践可能并不一致。但是，科学的理念和实践与大多数形式的宗教和巫术都存在一些差异。在宗教和巫术中，教条争议经常发生，但宗教和巫术很少在对观察记录进行批判的基础上追求理性的自我改造。科学的核心合法性特征也经常变为一种信条，但科学中没有宗教信条。最后，宗教和巫术通常（尽管不是普遍地）包含不同于西方科学的行为方式：包括常规性的仪式、赎罪和献祭中的敬拜。

科学的认识论基础

然而，上面的社会学比较与科学的认识论基础——所谓的“基础性问题”——并没有直接联系。在这一方面，波普尔的困境是众所周知的。我们如何为批判理性主义找到一个理性基础呢？对这个问题，通常提出的解决方法是，如果对批判理性的信仰本身也可以进行理性争论，因此也可能被拒绝，那么批判理性能够以自我指涉为基础；但是，这种解决方法很难令人满意。面对这种解决方法，我们必须认识到，将科学的逻辑建立在科学理性主义上，其实处于一种逻辑循环之中。但是，如果将这种逻辑循环的终点也视为研究的终点，而不是考察的起点，那么这个循环就是一个恶性循环。除了说明科学所依赖的、起源于西方文化历史的假设和价值观念之外，我们**无法**证明：为什么要信奉科学理性而不去信奉阿赞德人的巫术。对科学理性的信奉无论是克尔凯郭尔所说的“投身于信仰”，还是能够在批判理论框架下进行考察，这种信奉都提出了非常复杂的问题，这些问题也都超出了本研究的讨论范围。

证伪的重要性 147

波普尔对科学哲学中的归纳逻辑进行了批判。在其最初版本中，这种批判可以概括如下：归纳逻辑与经验主义以及培根提出的科学方法都有着紧密的关系。对世界事件的耐心观察揭示了一些规律性现象；经过反复的经验检验的证实后，这些规律性就被表述为普遍性规律。但是，这种证实规律的观念却遭遇了一种众所周知的困境：无论进行多少次验证，规律也不可能说被完全证实了，因为总会存在这种可能性，即在无数次的观察之后，第 n+1 次观察可能与那个规律不一致。因此，这种理念——科学知识是我们可以得到的最可靠的知识——与这种逻辑——在逻辑上我们不可能获得完全被证实的科学规律——是不一致的。在抛弃归纳的思想时，波普尔也放弃了下面这种视角：科学是以细致而乏味的事实收集活动为基础的。取而代之的是：波普尔认为，科学的进步首先是通过大胆和勇敢地提出“难以置信”的假设而进行的，这些假设都会面对被证伪的可能性。

对波普尔的批判性回应已经表明，最初提出的“证伪”概念是站不住脚的。在波普尔的著名范例中，“所有的天鹅都是白的”这一条普遍规律，永远得不到证实，因为这要求观察过去、现在和未来的所有天鹅；但是，发现一只黑天鹅就会证伪这一规律。然而，事情并不这么简单。发现一只黑天鹅也许不能证伪这条规律：一只被染黑的或掉在煤烟中的天鹅，不能视为一个证伪的案例[⑩]；如果可能的话，发现一只天鹅和一只黑鹰杂交而生的一只黑动物，也不能视为一个证伪的案例，因为这只黑动物也许不能算是“天鹅”，虽然它在很多方面都像天鹅。这些情况表明，“所有的天鹅都是白的”这种说法包含了关于鸟类颜色类型及其生理形态起源的理论。因此，从某种意义上讲，什么会被“算作”证伪观察，依赖于理论体系或范式；观察也是在这种理论体系或范
148 式之下进行的；对于我刚才提到的那些证伪案例，这些理论体系可以提供某种定位。

这样一来，人们可能会问：在缺少了能够让论证更具吸引力和逻辑力量的简明性的情况下，是否应该抛弃科学哲学中的证伪主义，并回归到更传统的证实和归纳理论呢？这是个困难的问题，因为在波普尔的著作中，证伪概念与他的批判理性主义是紧密联系在一起的（在社会哲学和科学哲学中都是如此）。我只能提出以下几点评论：

1. 就反对“不受理论约束的（theory-free）观察语言”这一观念而言，打破经验主义是十分重要的，无论这会给证伪理论制造多大的困难。

2. 下面这个观点也同样是一个基本观点：科学是——或者应该尽力成为——大胆的和创新的；同时，对它的发现，科学应该总是持一种激进的怀疑态度，从而让它的发现在任何时候都是最稳固的。稍后，我还将讨论库恩对这一点的看法。

3. 因此，“简单的证伪主义”（simple falsificationism）必须为“复杂的证伪主义”（sophisticated falsificationism）所代替——事实上拉卡托斯就认为，这种复杂的证伪主义也可以在波普尔自己的著作中找到，但是这种说法并不能完全令人信服[11]。拉卡托斯

“退化性”和“进步性的问题转换”的观点，可能是当代科学哲学文献中关于这些问题的最充分的分析。如果一个新的科学研究纲领更加全面，能够预测和解释“新的事实”，能够解决它所取代的研究纲领中的矛盾或“空白”，那么这个新纲领就是“进步性的”。但是，拉卡托斯修正的证伪主义与同它相关的波普尔科学哲学具有同样的局限。他并没有表明，评判“进步性问题转换”的评判标准的认识论基础是什么。

范　式 149

库恩对“范式”的运用及其导致的一些难题，虽然名义上仅存在于科学史和科学哲学中，但是与其他各种哲学传统提出来的下列概念存在相同之处：“语言游戏”（维特根斯坦），“多重现实”（詹姆斯、舒茨），“另类现实”（卡斯塔涅达），“语言结构”（沃夫），“问题意识”（巴什拉、阿尔都塞）。所有这些概念都被用来表明：术语、表达或描述的含义必须以某种方式进行阐释性的把握，必须在我所说的意义框架中进行把握。这里所体现的意义相对性原则，面临着很容易滑向相对主义或极端保守主义的危险；比如，在理解不同文化时，温奇就以这种方式使用维特根斯坦的观点。对于他关于科学发展的阐述，库恩一直在避免相对主义的意涵；但是，他却没能成功地阐述清楚范式转换过程与科学“进步”模式是如何相互融合的。如果范式是封闭的认识论假设体系，而且这些范式通过革命性变迁过程彼此相继，那么我们又怎能用一个范式去理性地评判另一个范式呢？显然，这是下面这种困境的重复：后维特根斯坦哲学中，不同语言游戏的共存所引起的困境。

这里，我将集中考察库恩在《科学革命的结构》中提出的问题，但这里的大部分观点也适用于前面提到的那些思想家所提出的问题。首先，在那本著作中，库恩夸大了范式的内在统一性。[12]“范式”概念（尽管非常难以把握）是指科学家共同体共享的、默认的、未经检视的假设；这些科学家关注的是解决这些假设所限定的小问题。许多科学家，尤其是那些有经验主义倾向的
150 科学家，可能被视为“常规科学家”；但是，在科学发展的特定时期，这些科学家所依赖的框架经常是（也许通常是）相互竞争的理论流派之间根深蒂固的分歧——虽然这种分歧通常不会表现为公开的论战。相互竞争的流派之间的论争的本质，是长期存在的本体论和认识论差异；这些差异会出现和重新出现在哲学史和社会科学史中。这与作为科学理论框架的范式和其他“生活形态”的区别相关：从根本上说，对科学知识的怀疑被植入了科学社会组织的合法化秩序——即使并不是一直发挥作用——但是，宗教宇宙观却不具备这种特征。另一方面，需要说明的是，温奇的观点也具有相似的错误，即扩大了生活形态的内部同一性。那种可能将“基督教义”变成统一的宗教宇宙观的教条，也遭受了不同的阐释以及不同阐释之间的斗争。

其次，科学的发展时常与社会力量和社会利益交织在一起，并受到后者的影响；这些社会力量和利益在名义上位于科学自身之外。库恩倾向于认为，只有在“革命的”变革阶段，“外部”影响才会发生作用。但是，作为批判理性的科学具有的制度性自主永远都是偏狭的：科学理论中的教条主义和惊人的创新受到规范和利益的制约，而不是科学进行自我合法化的内在结果。当

然，这并不是说，科学理论合法性可以化约为影响它们产生的利益——这是旧“知识社会学”的典型错误。不过，我们的确需要强调这一点——对于库恩对自然科学发展的解释，强调这一点很重要；对于影响温奇的、与唯心主义传统紧密相关的那些哲学而言，强调这一点更加重要。只有将阐释学从产生它的哲学唯心主义传统中剥离出来后，我们才能正确地理解阐释学的重要性。

第三，夸大范式的内在统一性，意味着库恩倾向于将范式视 151
为“封闭的”系统。[13]这就导致了处理不同范式之间的意义差异的困难；在更普遍的层面上说，这个困难也是我前面提到的很多思想家遇到的困难。如果不同的意义框架是互不相干的、自我封闭的世界，那么我们如何用某一个意义框架来理解另外一个呢？实际上，这个问题是无法克服的；但是，这主要是因为这个问题本身是错误的。意义框架是离散的，就像这样：( )( )( )。作为**起点**，我们必须代之以这种观点：**所有的范式**（可以理解为“语言游戏”等）**都受到其他范式的调和**。科学中范式的连续发展，和行动者在一个范式内学习“确定他的行为方式”，都是如此。爱因斯坦的物理学虽然从根本上突破了牛顿物理学，但同时也与牛顿物理学有着直接的连续性；虽然新教在根本上不同于天主教，但是不理解新教对天主教的批判，我们就不能充分理解新教的内容。学习作为生活形态的表现的范式或语言游戏是什么的过程，也是学习那种范式不是什么的过程：也就是说，学习通过某种范式拒绝的其他范式来理解这种范式，通过与其他范式的对比来澄清这种范式。这个过程通常涉及阐释之争；这种阐释之争可能是意义框架内部的分裂所导致的，也可能是某一意义框架“内部”与

“外部”之间模糊的界限所导致的，即不同的或相互竞争的意义框架所导致的。

相对主义和阐释分析

如果接受了这个分析，就不存在**意义层面上相对主义**出现的逻辑困难了：也就是说，在这种相对主义中，意义从一个框架转移到另一种框架，在逻辑上是不可能的；这种相对主义往往起源于过度强调意义框架的“封闭性”特征。意义层面上的相对主义
152 可以部分地与**评判性相对主义**区别开来：我的意思是，不同的意义框架表达不同的“现实”，任何一个意义框架都构成了特定的经验世界，而且这些经验世界在逻辑上是彼此相等的，因此不能用其中一个框架对另一个进行评判，所有的框架都应该视为“给定的”而加以接受。每一种形式的相对主义都产生悖论；每一个都制造了整体的知识循环——都包括假设，在这种假设之上建立的知识又表明这些假设——所有的知识都进入了恶性循环，而且不是良性循环。我认为这一点是不言自明的：从自身假设出发，无论是意义层面上的相对主义还是评判性的相对主义都不会遇到异议。也就是说，在“所有知识都是相对的”这种普遍性主张下，我们不可能阐释没有自我否定性的知识。这种观点司空见惯，也平庸陈腐；在我看来，这种观点是对相对主义的强烈反驳，而不是反对我们要做和能做的事情——将一种语言翻译为另一种语言，批判性地分析其他文化的价值标准，讨论“虚假意识”等。我们做这些事情的可能性，恰恰源于我们反对相对主义立场的自我否

定性特征，这种相对主义立场从普遍主张开始，最终却发现所有的知识都在一个循环中。

因此，为了超越评判性的相对主义，就意义框架而言，我们必须对**意义**（sense）和**指称**（reference）进行区分。意义框架的调和是一个阐释性问题，无论关注的是科学中各种范式的关系，还是对不同文化或历史时期的理解。阐释性分析要求承认意义框架调和的**真实性**，这是理解其他生活形态的必要方法。也就是说，对它们进行描述，而且没有直接参与其中的人也可以理解这些描述。但是，意义层面上的真实性必须与关于世界的命题的有效性相区分，这种有效性表达的是特定意义框架中的信念。这也是我前面对共有知识和常识进行的区分。西方人所理解的阿赞德人的巫术，是一个阐释性问题，涉及意义框架之间的调和。比如，比 153
较疾病的细菌理论和巫术引起疾病的理论的有效性；这种理解是进行这种比较的前提条件，而不是在逻辑上排除这种比较的可能性。

我认为，这些评论并不能解决如何理解“真理”的问题，也不是要发展一种对应理论（correspondence theory）。波普尔使用了塔尔斯基的真理概念，并坚持了某种形式的对应理论。但是，这种观点具有严重的、可能无法克服的困难，这种困难与意义框架之间的差异紧密相关。塔尔斯基的理论想要表明的是，在强调对应性的元语言中，我们如何做出陈述；这种元语言认为，在表达事物的语言和事物的实际状态之间存在对应性，这种对应性的形式是，“只有事物 s 实际存在时，语言‘s’才是正确的”。但是，即使这种观念不是被视为真理的**判断**标准，这种观念好像也假设了中立性观察语言的存在；在这种语言中，两种不同意义框架（范式或理论）中的陈述都可以表述为陈述“s”。[14]

如果这一点需要重新强调的话，需要重复的是：在西方科学中，对不同疾病理论的评估不是自我证明式的（self-justifying），也不可能是自我证明式的；根据界定科学方法合理性的标准本身，不能合理地证明科学的正当性。下面这种观点也不行：科学具有较高的“认知能力”；这个观点只不过说明了西方科学技术在物质性地破坏其他文明方面的**历史**功绩。

对科学哲学的这种分析，只不过为考察社会科学的逻辑和认识论提供了初步的方法。我们可以认为，如同在自然科学中一样，在社会学中也不存在不受理论约束的观察或“数据”；“复杂的证伪主义”方案为可检验性问题提供了初步的（但不是完全充分的）解决方法；无论我们是否将“范式”术语留给自然科学分析还是也使用这一术语，理解任何一个主要理论观点或这些观点的调和，都是一个阐释性任务。除此之外，我们必须讨论其他一系列问题：
154 这些问题源于社会科学与自然科学之间的根本差异。与自然科学不同的是，社会学与其“研究领域”之间是一种“主体—主体”关系，而不是一种“主体—客体”关系，它考察的是一个被阐释了的世界（pre-interpreted world），在这个世界中，能动主体发展的意义参与了那个世界的构成或生成。因而，社会理论的建构涉及一种独特的双重阐释（double hermeneutic）。最后，一般概括的逻辑地位与自然科学规律的逻辑地位存在显著的区别。

然而，在转向这些问题之前，简要地将阐释学与英美哲学中关于理性的讨论联系起来是有帮助的。异域文化的成员所持有的信仰——例如，一个人可能同时也是一只乌鸦——一直是人类学家的一个困扰。至少在列维-布留尔的早期生涯中，他认为“原始思想”是“前逻辑性的”，因为原始思想不遵守矛盾定律：认为一个人是一个人，同时又是一只乌鸦，不就是自相矛盾的吗？但是，这种信仰与西方文化信仰并没有明显的不同：例如，相信圣餐中擘开的面包是耶稣的肉体，酒是他的血液；还有，有限的数学体系可以包含着无限性的概念；或者，速度的提高会延长时间的流逝。这里的关键是，意义框架的调和不能被视为形式逻辑中的前提；在形式逻辑中，任何合理的知识都必须遵守形式逻辑所设定的一组“必然”关系。在隐喻、讽刺、挖苦、有意设计的矛盾和其他微妙语言等实践活动中，形式逻辑并不发挥作用。考虑以下这种陈述：“天在下雨，但我不相信天在下雨。”这必然是自相矛盾的吗？回答是“不”：至少在某些情境下，一个人说类似的话时，并没有什么特别不寻常的地方。在长时间的干旱之后，一位农民意识到下雨时，可能会说“下雨了，我真不敢相信”或者，一位妇人看到阵雨后，可能对另一个人评论道：“显然，这不是真正的雨。”现在，当农民说他不相信下雨时，人们也许会这样反应：这是用一种反语的方式来表达，实际上他确实相信下雨了。在第二种情况下，也有一种隐含的理解（“比起我在热带经历过 155
的雨季，这只是一场小小的阵雨”）。但是，这正是关键所在。运用于这些例子中的微观现象的原则，也可以运用于更宏观的现象，比如逐渐地理解异域文化信仰的过程。[15]

理论性元语言的建立标准——准确、抽象等——明显不同于日常语言和其他形式的非科学语言。但是，我们可以认为，比喻在创新性范式的产生过程中发挥着重要的作用。熟悉一个新范式，就是掌握一种新的意义框架；在这个过程中，原来熟知的前提假设会被改变，学习新框架的要素是通过比喻性地参考旧框架而进行的。比喻同时产生和表达了舍恩（Schon）所说的“概念置换”：以某种方式将不同的框架联系起来，但起初是“不同寻常的”。因此，比喻可能是语言创新的核心；因此，科学理论的演进包含一种诗学性质，反映和依赖于自然语言的诗学使用。

对这些观点也许仍需要进一步阐释。这些观点，并不意味着阐释学不需要同一性和矛盾性概念；而是说：不同意义框架中的表达模式，必须放在情境中进行理解，必须作为特定生活形态的实践要素进行理解。以精神分裂症患者的谈话为例，行为主义精神病医生的典型做法是，将这种言语视为不**可信**的，并因此不加理会。但是，如果精神分裂症患者的谈话，像某些人所说的，是正常谈话的颠倒，那么，他们的思想和行动也能被理解为一种可信的意义框架；因此，精神分裂症患者和临床医生之间也可能进行对话。

适用于一致性情况的意义框架，也适用于**不一致性的情况**以及**有争议的**、**备受争论的意义**。也就是说，这些都必须阐释性地进行理解。

适当性问题

对“理解”人类行为而言，社会科学并不是唯一的领域，文
156 学和艺术也拥有同样的目的。当然，文学和艺术的形式也经常受

到自然界和自然事件的影响，虽然人类行动不会影响自然界和自然事件。但在大多数情况下，进入文学和艺术中的自然，都是人化的自然（humanized nature）：人类行动和自然环境之间的相互交换。在每一种文化中，艺术首先关注的是人类自己：它们在宇宙中的位置，它们与上帝和灵魂的关系，人类环境的特征。对人类生活的描绘与人类的反思能力紧密相关，这种反思能力能够让人类想象性地重构别人的经历，并对他人的经历产生一种情感关系。这也提醒我们，艺术与社会科学之间存在着紧密的联系，而且从根本上来说，这种关系是双重的。首先，为了进行对话，它们都利用了共有知识资源；借助这种对话，通过对其他人的新理解，读者也可以提高自我理解。其次，艺术和社会科学都必须对不同的生活形态进行创造性调和。艺术并不受下面这种需求的限制：对现实事物进行“真实的”描述。这就赋予艺术以创造性权力，而社会科学却没有这种权力。因此，两者在这一方面明显存在着一种张力。社会科学分析很少会产生戏剧性影响，而富有想象力的文学或诗歌的象征性意义却可以产生这种影响。但是，我们不能夸大这种区别。举一个例子来说，戈夫曼对“舞台表演”的分析，就利用和诉诸共有知识；通过对舞台表演和各种活动（从最高尚的到最卑贱的）的比较，作者可以制造一种紧张效应，这种效应来自对现存秩序的颠倒，而且是喜剧和闹剧的突出特征。

作为社会逻辑分析的一个主题，对社会行为的描述，依赖于观察者对一种生活形态的沉浸（immersion），凭借这种沉浸，实现了语言游戏之间的阐释性调和。但是，我们应该怎样理解“沉浸”呢？显然，不能将它等同于“完全的成员资格”。调查异域

157 文化的人类学家，虽然会不断加深对那个文化的理解，但是也不会放弃他本来的身份：实际上，人类学的特殊任务就是，用另一种文化的描述对一种文化描述进行调和。“了解”一种生活形态就是能够知道在其中如何行事：也就是说，拥有维持与他人的关系所必需的共有知识，无论实际上是否使用了这种能力。这就产生了另外两个问题。首先，很明显，只有根据普通成员实际的反应或者“想象的”反应，才能判断研究者这种维持关系的能力是否“充分”，因为普通成员会将研究者的行为或言语视为“可信的”或“标准的”。那么，我们如何更具体和精确地说明这个过程呢？其次，以下两者之间是什么样的关系：对不同生活形态进行调和的阐释性的分析；社会科学所提出的专业概念。这些就是舒茨所说的“适当性问题”的两个方面；舒茨提出这个问题，受到了韦伯的影响。

和舒茨一样，温奇也认识到，社会科学可以使用它们所研究的人并不熟悉的概念。不过，温奇在提到经济学中的“流动性偏好”时却说，“流动性偏好”与商人所使用的概念存在“逻辑关系”，“因为，经济学家对这个概念的使用表明，他理解如何做生意，这又意味着他理解货币、成本、风险等商业概念”。[16] 除此之外，他也没说什么其他的东西；他的阐述并没有说明所谓的“逻辑联系”是什么；像我在讨论他的著作时所说的，他的阐述也没有说明下面这个问题：如果专业术语的解释力仅仅限于说明行动的可理解性，那么社会学和其他社会科学为什么还要使用专业词汇？紧接着上面引用的内容之后，温奇表明，这种联系只是经济学家的“流动性偏好”概念和行动者的“货币、成本和风险等”

概念之间的联系，这些概念也将这种活动定义为“经济”活动，而不是“宗教”活动或其他类型的活动。这些问题远比这个例子所说明的复杂。行动者和观察者都将下面这个仪式视为宗教活动：用金子装饰敬拜的地方，以平息上帝的愤怒；但是，研究者也可能会将这个行动者的行为视为“资金投资”。我甚至可以认为：对 158
一个行动者行为的描述，不仅是他不熟悉的；而且，当将这个描述呈现给他时，他还可能拒绝这个描述。后一种情况本身肯定不是拒绝这些描述的充分根据，尽管人们在多大程度上“理解”这些描述，或者在多大程度上能够帮助他们理解这些描述，以及他在多大程度上能接受这些描述，都可能影响对它们准确性的判断。

为了阐明这些问题，我们必须稍微回顾以下我们的分析。互动是人类能动者的构成性技能的产物。作为**行动描述**（刻画）的媒介和行动者之间的**沟通**媒介，“日常语言”在互动的构成过程中扮演着重要角色，而且在日常生活的实践活动中，这些因素通常紧密地相互交织在一起，因此，语言运用**本身**就是一种实践活动。对于作为持续**实践**的社会生活而言，日常行动者对行动的描述不是偶然的，而是社会生活的内在构成因素，是不能和社会生活分离的，因为对他人行为的描述，或者更准确地说，对他人行动动机和理由的描述，使主体间性成为可能，而沟通目的的交流又是通过主体间性实现的。这是在这些意义上说，我们应该这样看待：**理解**不是社会科学特有的专业社会研究方法，而是人类社会的本体性存在条件，人类社会是由其成员生产和再生产的。自然语言是行动“意义”构成的核心要素，也是互动中沟通过程的核心要素，因此，社会学中所有“研究资料”的产生都必须依赖自然语言：社会学研究者不能建构与自然语言范畴毫不相关的专业性元语言（这种说法可能也是正确的：由于不同的原因，自然科学研究者也不能这样做：参见波兰尼关于“隐含知识”在观察设计中的作用的论述；关于理论建构中哥德尔定理的讨论。但是，这一点在某些方面会引起争议，而在社会科学中却无可争议，因为社
159 会科学所研究的世界是它的构成主体已经“阐释过”的，这些主体通过维持世界的“意义”而构成了这个被研究的世界）。我们必须区分开这种观点的两种影响：（1）对社会学**方法**的影响，和（2）对社会分析或社会理论的元语言建构的影响。

1. 在某种意义上说，所有的社会和历史研究都需要与研究对象——个人或集体——进行沟通。在某些情况下——参与式观察、问卷调查、访谈以及其他研究方法——这种沟通是研究者和研究对象之间的直接互动。但是，无论沟通是直接的，还是像历史研究那样是间接的，人类社会行为研究都需要掌握共有知识，这就对研究者提出了阐释性问题；这个问题又依赖于研究对象对不熟悉的生活形态的理解程度。对于阐释性研究而言，认识到下面这一点至关重要：西方文化日常生活中所使用的实践理性和阐释框架，或者更一般地说，未受西方科学理性影响的其他文化中的实践理性和阐释框架，都不必遵守“排中律”（law of the excluded middle），不必遵守词典中抽象地界定的反义，也不必遵守抽象和准确的理念。这并不是说，这些阐释框架不必具有同一性原则和矛盾性原则的逻辑结构。如果这些框架要在意义的层面上成为“可理解的”，那么它们必须有这种逻辑结构，但是，在意义框架之内，没有必要“刻意追求”这种逻辑结构，而且，从分析者的

自然语言或社会学的元语言的同一性和矛盾性来看，这些逻辑结构也不一定非常清晰。这些逻辑结构还会经常（**必须**，但非绝对地）被打破，并**用它们自己的语言**制造逻辑矛盾。

2. 阐释分析的调和，既不受意义框架的**实质内容**或陈述内容的约束，也不受意义框架的特定**逻辑形式**的约束。所有人类学家都认识到了第一点；对他所观察到的仪式，人类学家会说“行动者 x **相信**他们的舞蹈会带来雨”；对于其他的行动，他们也乐意说“行动者 x 每个秋天都撒播种子来生产庄稼”。舒茨对以下两种现象进行了区分：一方面是“人类行动模式的理性建构”；另一方面 160
是“人类行动的理性模式的建构”，这就是上面说的第二点。我们可以不带模糊性地讨论模糊性。在有意义的行动中，行动者本身所使用的概念是互动的实现媒介，用来描述有意义的行动的社会学概念，必须“考察”与互动的实现相关的意义区分，但是在它们的阐述中，**绝不会**局限于使用同样的意义区分。这就是双重阐释在社会学理论元语言建构中的意义。因此，“流动性偏好”的概念假定行动者能够区分“价格”“成本”“销售”等概念；借助这些概念区分，“商业活动”才能够存在和持续（当然，相关的行动者可能并不能轻易地解释或具体说明这些概念）；但是，同时也提出了那些行动者不熟悉的意义区分。这种情况不仅适用于社会学研究者所提出的新词语，而且也适用于专业意义上使用的日常语言（比如，“理由”“原因”）；在专业意义上使用的日常语言，必须承认其在日常生活中的用法，但是也必须“改进”——按照准确性等标准——日常生活中的用法。

每一个健全的社会行动者本身都是一个社会理论家，他们日常性地阐释自己的行为以及他人的目的、理由和动机，这是社会生活生成的有机构成因素。因此，在社会成员使用的概念和社会学研究者所使用的概念或创造的新词之间必然存在一种相互影响的关系。在社会科学中，这一点至关重要，但是大多数“正统”社会学学派的实证主义方法掩盖了这一点。这也是19世纪社会思潮的遗憾，包括从孔德到涂尔干的发展脉络，和从马克思的某些著作到马克思列宁主义的发展脉络。将自然科学延伸到社会生活研究，是希望将人类从朦胧或神秘力量的束缚中解放出来。然而，
161 那种知识揭示：我们处在“外在的”社会原因的束缚之中；这些外在的原因机械地引起那些我们以为处于我们理性控制之下的事件；发起这种研究的研究主体，却作为研究对象而被重新发现。在这种视角中，社会分析和日常行为之间的相互作用关系只是体现为一些边缘性的形式，比如“自我实现”或“自我否定”语言：行动者意识到关于他们行为的预言后，会促进预言的实现或失败。

在此，我不想讨论自然科学中因果规律的逻辑形式所遇到的困难和争议。然而，无论如何认识这个问题，自然科学中的一般性因果概括都预设了一系列永恒的关系；这种关系可以表现为概率性关系，也可以表现为普遍性关系。所有这样的概括都涉及条件问题，因此，即使普遍规律也肯定会受人类干预的调整：在一个容器中，水沸腾的温度可以通过改变气压而调整，尽管这绝不影响规律本身。另一方面，在社会科学的结构分析中，理论概括所表达的因果关系并不是自然界中建立的机械联系，而是人类活动的结果。经济学中关于物质分配的理论概括就是这样，其他社会科学提出的理论概括也是这样。这样，它们是目的性行为所再

生产出来的意外后果；**从人类知识的发展而言，它们也具有可塑性**。当然，这并不意味着：知识的输入和现实条件的改变（其中，人类是他们自身的对象）之间的关系是一种简单关系，必然会扩展人类的自主性。第一，这些条件既会被错误的“自我知识”所改变，也会被正确的知识所改变。第二，关于人类行动环境的知识的扩展，不是在抽象的人类行动中发生的，而是在分化的社会中发生的，其中只有某些人可以这样做。第三，理性的“自我理解”不同于“自主性”。一个充分理解他之所以被奴役的环境的奴隶，却可能仍然是奴隶。最根本的是要认识到：从原则上来说，162
影响人类行动的“客观性”因果条件能够被认识到，也能够改变人类行动。

这些观点所关注的是人类活动的特征；人类活动的特征仅仅在表面上与物理学中的不确定性相似。有些人有时候也认为，自我实现和自我否定预言所带来的“困难”，并不是社会科学所特有的，因为在自然科学中，关于一系列事件的观察也可能影响那些事件的过程。不过，在社会科学中，不确定性——在这里，这个词语不是特别适合——产生的原因是：目的性行动包含了知识的使用，将知识视为实现结果的手段。自我影响性的观点或预言所体现的现象，对社会学具有深远的影响，而对自然科学却不是如此。

163 结　论：社会学方法的新准则

在这一部分，我将概述本书的主要观点，并将它们结合起来。对于阐明社会科学的逻辑和方法而言，我在第一章讨论的“阐释社会学”已经做出了实质性贡献。概括来说，这些贡献包括：与自然界不同，社会世界必须视为能动的人类主体的技能性产物；社会世界的“意义”“可说明性”或者“可理解性”的构成依赖于语言，但是语言不仅仅是一个符号或者象征系统，而且是实践活动的媒介；为了描述人类行动，社会科学家必须使用他所分析的行动主体所使用的技能；对社会行为的描述依赖于阐释性地把握日常行动者在构成和重构社会世界中使用的意义框架。

然而，这些思想来源于那些与哲学唯心主义紧密相关的思想流派，而且，在将这种哲学引入社会分析领域时，这些思想也体现了那种哲学的传统缺陷：关注“意义”，却忽略人类生活中的物质性实践活动（尽管人类确实不能创造自然界，但他们的确利用自然界进行生产，并以此积极地改造他们自己的生存环境）；用动
164 机和价值观念来解释人类行为，却没有考察行动的因果条件；对社会规范的考察没有考虑社会中的权力不对称和利益分化现象。这些思想的缺陷不可能在它们所起源的思想传统内部得到解决，

它们的积极贡献也不能和与之对立的理论相融合。与之相对立的那些理论将人类能动性转变为社会决定性，与哲学中的实证主义有着密切的联系。克服阐释社会学的局限，需要解决下面三个相互交织的问题：明确行动的概念以及相关的目的、理由和动机概念；将行动理论和制度结构分析结合起来；阐明社会科学方法的逻辑所面临的认识论问题。

英美行动哲学没有关注制度分析，这主要体现在它对目的性行动的过度强调上。因此，很多学者将“行动”等同于“目的性的行动”，将“有意义的行为”等同于“预期的后果”，而且，他们没有考察行动者力图实现的目的的起因，而是将目的视为给定的，或者视为目的性行动所带来的意外后果。将行动概念从与目的的必然关系中解放出来，将行动意义的识别从与目的的必然关系中解放出来，就会将主观主义和社会科学的阐释性任务区分开来，也会澄清行动的因果条件和社会科学必然包含的双重阐释。

我认为，“目的”“理由”和“动机”都是可能产生误导的术语，因为它们从概念上“切断”了行动的连续流；这些概念应该视为行动反思性监控过程的表达；而且，作为日常生活的一部分，“健全”的行动者也应该进行这种监控。只有当行动者对他们的行为进行回顾性考察时，或者在更普遍的情况下，当他人在询问他们的行为时，行为的反思性监控才会变成对目的的陈述，或者才会给出理由。行动的合理化过程与行动者彼此之间对“责任”的道德评判紧密相关，因此也与规范和违反规范产生的制裁紧密相关；因此，法律中所界定的“能力”，是每个公民“都应该知道的”，而且是他在行为监控中必须考虑的。 165

以涂尔干和后来的帕森斯为主要代表的传统功能主义，的确体现了将目的性行动和制度分析结合起来的努力；这是通过下面这个定理进行的：社会团结所依赖的道德价值观念也是个人中的动机性因素。我已经表明，这种观点不过是用社会和人格系统的特征替代了行动的概念，而且社会和人格系统必须同时进行考察：这里，社会成员并不是技能性的、创造性的能动者，不能对其行为进行反思性监控（原则上来说，如果他相信他从帕森斯的理论中学到什么东西的话，那就是：他是可以这样做的）。

因此，我提出另外一种观点。虽然这一观点还可以进行更详细的论述，但它的基本轮廓应该是清楚的。社会是由社会成员主动地、技能性地构成的，但也要利用各种资源，也依赖于各种条件；此外，社会成员可能没有意识到这些资源和条件，或者只有模糊的认识。我们可以区分出互动生成过程的三个方面：意义、道德和权力关系的建构。这三个方面的生成方式也可以视为结构再生产的形态：在此，结构二重性概念是核心，因为结构既是互动产生的条件，也是互动产生的结果。所有的组织或“集体”都是由互动系统“组成的”，而且也可以通过其结构特征进行分析：作为一个系统，它们的存在依赖于它们再生产过程中的结构化模式。必须强调的是，支配模式的再生产体现了互动中“发挥作用的”意义和道德的不对称性，因此与利益分化紧密相关；这些利
166 益分化也导致了意义框架和道德规范的不同阐释之间的斗争。

我已经指出，行动“意义”生成依赖于“共有知识”；互动参与者作为解释框架来使用这些共有知识，从而理解他人的言语和行为。社会学研究者不能修改共有知识，但是，为了描述日常行

动者的行为，社会研究者必须和他们一样使用这些共有知识；不过，这种知识可以被视为“常识”，即可以视为一系列的关于事实的信念，因此，原则上说，这些知识需要社会科学分析的确认或否认。

我已经指出，自然科学哲学的某些观点有助于说明社会科学知识的逻辑地位。但是，它们之间的相关性受到社会科学特征的影响。而且，无论如何，这些研究本身也必须经过批判性审查。库恩使用的“范式”概念与我所说的“意义框架”概念及其他相似概念之间有很多共同之处；当库恩将这个概念应用于历史科学分析时，也产生了和那些概念相似的问题。库恩夸大了“各个范式”的内部统一性，就像温奇夸大了“生活形态”的内部统一性一样；因此，库恩没有认识到：不同意义框架之间的调和应该被视为分析的起点。与意义和事实的区分一起，这让我们认识到了对具有真实性的意义框架进行阐释性分析的重要性，而且这种阐释性分析也不会沦为相对主义，因为相对主义排除了对意义框架进行理性评判的可能性。范式的调和，或者更广泛地说，不同的科学理论框架之间的调和，是一个阐释性问题，和其他类型的意义框架的调和问题是一样的。

与自然科学不同，社会学的研究对象是一个已被阐释了的世界；在这个世界中，意义框架的生产和再生产——也就是人类行为——正是这个世界的存在条件：换一种方式说，社会科学中存在的双重阐释提出了一个独特的难题；和韦伯一样，舒茨把这个 167
难题称为“适当性假设”。我已经表明，舒茨对这个问题的阐释是行不通的；他的观点是基于下面这样命题而提出的：社会科学的专业概念必须能够以某种方式转化为日常行动中的日常概念。事实恰恰相反：在某种意义上说，社会学概念不必以日常概念为基础；事实上，社会科学研究者首先必须能够理解日常概念，即能够阐释性地把握他想要分析或解释的生活形态。

社会科学的专业词汇与普通概念之间的关系是不断变化的：社会科学家会采用日常词汇——“意义”“动机”“权力”等——并在专业的意义上使用这些词汇；同样，日常行动者也会使用社会科学的概念和理论，并将他们具体化为行动合理化的构成因素。正统社会学没有充分认识到这种现象的重要性；正统社会学中，“自我实现”和“自我否定”预言仅仅被视为妨碍精确预测的麻烦。但是，虽然社会科学中的一般性因果概括在某些方面和自然科学规律是相似的，但从本质上说，前者与后者存在明显的区别，因为前者依赖于意外后果的再生产。虽然那些一般性因果概括也被称为一般概括，而且它们所要分析的人也这样使用它们，但它们的形式已经被改变了。这再一次与本书的核心主题——反思性——联系了起来。社会科学与其“研究对象”之间存在着一种紧张关系——社会科学可能成为扩展**行动的理性自主性**（rational autonomy）的工具，但也同样可能成为**支配的工具**。

总而言之，一些新的“社会学方法的准则”可以概括如下。所谓“社会学方法的准则”只是一种讽刺的说法。当我说下面这些预设是“准则”的时候，我所说的“准则”并不是我建议在社会科学中应该使用的“准则”概念。我的意思是，这些预设是对本书主要观点的整体性和概括性陈述，而且，我是要强调这些观点不同于涂尔干近一百年前发布的、著名的社会学宣言。这个概述本身并不构成社会学研究的“纲领”，虽然我将之视为这种纲领的一个构成部分。下面提出的这些观点可以这样进行分类：第一部分关注的是“社会学的研究对象”：社会的生产与再生产；第二部分关注的是能动性的界限，以及生产与再生产过程的研究方式；第三部分关注的是社会生活的观察方式以及社会活动的描述方式；第四部分关注的是社会科学的意义框架——作为元语言——中的概念的形成。 168

第一部分

1. 社会学关注的不是一个“预先给定的”客观世界，而是一个由主体的积极行动所构成或生产的世界。人类社会性地改造自然；通过“人化”的自然，他们也改造自己；当然，他们并不制造自然界，自然界是独立于他们而存在的客观世界。如果人类在改造自然界的过程中创造了历史，也因此生活在历史之中，那么这是因为社会的生产和再生产不是“生理性地决定的”，但低等动物却是这样（通过它们的技术性使用，人类提出的理论会影响自然；不过，这些理论并不构成自然界，但却构成社会世界）。

2. 因此，社会的生产与再生产必须视为社会成员的技能性产物，而不是一系列机械过程。但强调这一点绝不是说：行动者完全意识到了这些技能或意识到了它们是如何使用这些技能的；或者社会生活的形态完全是行动有意制造的结果。

第二部分

1. 人类能动性的范围是有限的。人类构造社会，但他们是作为历史中的行动者来构造社会的，而且也不是在他们选择的条件下进行的。在以下两种现象之间存在着不稳定的界限：一是作为目的性行动能够进行分析的行为；二是作为一系列“事件”而进行分析的行为。就社会学而言，客观分析的核心任务是对社会系统的结构性特征进行解释。

169

2. 结构不能简单地视为对人类能动性的制约，它也可以促进（enabling）人类能动性。这就是我说的结构二重性。原则上说，结构总可以被视为结构的结构化过程。考察社会实践的结构化过程，就是要解释结构是如何由行动构成的，以及行动又是如何结构性地构成的。

3. 结构化过程包括意义、规范和权力之间的相互影响。从分析的意义上说，这三个概念都是社会科学的“基本”概念；**从逻辑的意义上说，它们不仅包含在目的性行动概念中，也包含在结构概念中：**所有的认知秩序或者道德秩序也都是权力体系，都是“合法性领域”。

第三部分

1. 离开了关于社会生活的知识，社会学研究者是不可能将社会生活界定为研究“对象”的；正是通过这种知识——作为一种

资源——社会生活才被构成“研究话题”。从这一方面而言，研究者与其他社会成员不存在何种区别；“共有知识”不是一系列可以修改的知识，而是阐释框架；为了“理解”社会活动——也就是说，为了对社会活动进行“可识别”的描述——社会学家和日常行动者都使用阐释框架，而且必须使用。

2. 沉浸在一种生活形态中是必需的，这是研究者能够描述这种生活形态的唯一方法。但是，这里说的“沉浸”——比如说，沉浸在异域文化中——并不意味着“完全变成”这个共同体的“成员”，而且也不可能这样做。“去了解”一种不同的生活形态，是要了解其中的行动方式，是要能够参与到其中的实践中去。但 170
是，对于社会学研究者而言，这是一种描述生活形态的方法，而且这种描述必然被调和为——即，转化为——社会科学的话语。

第四部分

1. 因此，社会学的概念遵守双重阐释的原则：

a）在某种意义上说，自然科学和社会科学中的所有理论框架本身就是一种生活形态；其中的概念必须被视为一种实践活动模式，而且这种实践模式能够产生特定类型的描述。库恩等人的科学哲学表明，这已经是一种阐释性活动了。

b）但是，社会学研究的世界是社会行动者已经在他们的意义框架中构成的世界，而社会学研究又在自己的理论框架中对这个世界进行再阐释。社会学研究需要调和日常语言和专业语言。双重阐释非常复杂，因为这种联系不是单向的；社会学建构的概念会不断地发生“滑落”（slippage）：这些概念最初是用来分析行动者的行为的，但这些行动者又会使用这些概念，因此这些概念会成为行动者行为的构成性特征（事实上，这也可能会改变这些概念在社会科学专业词汇中的用法）。

2. 言而总之，社会学分析的基本任务包括：

a）在社会科学的描述性元语言中，阐释性地说明和调和不同的生活形态；

b）阐明人类能动性所实现的社会生产和再生产。

注　释 171

第二版导言

① Giddens, Anthony, *The Constitution of Society*, Cambridge, 1984.

② Mouzelis, Nicos, *Back to Sociological Theory: The Construction of Social Orders*, London, 1991; Harbers, Hans, and de Vries, Gerard, 'Empirical Consequences of the "double hermeneutic" ', *Social Epistemology*, Vol. 6, 1992.

③ Mouzelis, *Back to Sociological Theory,* pp. 27–28.

④ 同上，p. 35。

⑤ 参见：Giddens, *The Consequences of Modernity*, Cambridge, 1990。

⑥ Mouzelis 持这一观点。Mouzelis, *Back to Sociological Theory*, pp. 32–34.

⑦ Giddens, *The Consequences of Modernity.*

⑧ Knorr-Cetina, Karen, 'Social and scientific method or what do we make of the distinction between the natural and social sciences?', *Philosophy of the Social Sciences*, Vol. 2, 1981.

⑨ Harbers and de Vries, 'Empirical consequences of the "double hermeneutic" ', p. 4.

⑩ 同上，p. 11。

⑪ Lynch, William T., 'What does the double hermeneutic explain/justify?', *Social Epistemology*, Vol. 6, 1992.

⑫ 同上，p. 16。

⑬ 同上，p. 38。

第一章　若干社会理论和哲学流派 172

① Schutz's *Der sinnhafte Aufbau der sozialen Welt* 首次于 1932 年在德国出版。后翻译为

The Phenomenology of the Social World (London, 1972), 并于 1967 年首次以英文出版。

② Ryle, Gilbert, 'Phenomenology', *Collected Papers*, Vol. I, London, 1971, p. 176. 也可以参见这篇文献：'Phenomenology versus the concept of mind'. 参见：Wittgenstein, *Zettel*, Oxford, 1967, §401–402。

③ Sartre, Jean-Paul, *L'Etre et le neant*, Paris, 1950, p. 47.

④ Schutz, Alfred, 'On multiple realities', *Collected Papers*, Vol. 2, The Hague, 1967, p. 229.

⑤ Schutz, *Phenomenology of the Social World*, p. 8.

⑥ 同上，pp. 92–93。

⑦ Schutz, *Reflections on the Problem of Relevance*, New Haven, 1970, pp. 33ff.

⑧ 同上，p. 120。

⑨ "在日常生活中，我们很少对'对—错'比较感兴趣，我们更感兴趣的是'可能—不可能'之间的变化……只有在这个意义上，实用主义原则才是毫无争议的。这是对日常思维方法的描述，而不是一种认知理论。" 'The problem of rationality in the social world', *Collected Papers*, Vol. 2, pp. 76–77。

⑩ 'Common-sense and scientific interpretation of human action', *Collected Papers*, Vol. 1, pp. 36ff.

⑪ *Phenomenology of the Social World*, p. 220.

⑫ 'Common-sense and scientific interpretation of human action', p. 44.

⑬ 同上，pp. 9, 37。

⑭ 同上，pp. 99, 134, 12, 208。

⑮ *Phenomenology of the Social World*, p. 97.

⑯ 同上，p. 91。

⑰ 同上，p. 93。

⑱ 第一次这样说的，是下列著作：Moore, Russell and the early Wittgenstein。参见：Ayer, A. J., et al., *The Revolution in Philosophy*, London, 1956。

⑲ Garfinkel, Harold, *Studies in Ethnomethodology*, New Jersey, 1967, p. ix.

⑳ 'The rational properties of scientific and common sense activities', 在上面那本书中重
173 印。参见：Elliot, Henry C., 'Similarities and differences between science and common sense', in Turner, Roy, *Ethnomethodology*, London, 1974。

㉑ *Studies in Ethnomethodology*, p. 272.

㉒ 同上，p. 1。

㉓ Wittgenstein, Ludwig, *Philosophical Investigations*, Oxford, 1972, p. 146.

㉔ Bar-Hiilel, Yehoshva, 'Indexical expressions', in *Aspects of Language*, Jerusalem, 1970, p. 76.

㉕ *Studies in Ethnomethodology*, p. 8.

㉖ Garfinkel, Harold, and Sacks, Harvey, 'On formal structures of practical actions', in

McKinney, John G., and Tiryakian, Edward A., *Theoretical Sociology, Perspectives and Developments*, New York, 1970.

㉗ 同上，p. 348。

㉘ Searle, John R., *Speech Acts*, Cambridge, 1969, p. 16.

㉙ *Studies in Ethnomethodology*, p. viii.

㉚ Garfinkel, Harold, 'Studies of the routine grounds of everyday activities', in Sudnow, David, *Studies in Social Interaction*, New York, 1972, p. 2.

㉛ *Studies in Ethnomethodology*, p. 280.

㉜ Cicourel, Aaron V., *Cognitive Sociology*, London, 1973, p. 124.

㉝ 'On formal structures of practical actions', pp. 338–339.

㉞ Mates, B., 'On the verification of statements about ordinary language', in Lyas, Colin, *Philosophy and Linguistics*, London, 1971, p. 128.

㉟ Louch, A. R., *Explanation and Human Action*, Oxford, 1966, p. 175.

㊱ 同上，p. 160。

㊲ 本段和上一段引用来自：Winch, Peter, *The Idea of a Social Science*, London, 1958, pp. 52, 88 and 123。

㊳ 尤其在下面这篇文献中：'Understanding a primitive society', *American Philosophical Quarterly*, Vol. I, 1964。

㊴ Wittgenstein, Ludwig, *Remarks on the Foundations of Mathematics*, Oxford, 1956, Part 2, §77.

㊵ 'Understanding a primitive society', p. 322.

㊶ MacIntyre, Alasdair, 'The idea of a social science', *Aristotelian Society Supplement*, Vol. 41, 1967.

㊷ *The Idea of a Social Science*, p. 40; 参见：Wittgenstein, *The Blue and Brown Books*, Oxford, 1972, pp. 14ff。

㊸ Cf. Wittgenstein, *Philosophical Investigations*, Oxford, 1968, §198ff.

㊹ Schutz, 'Common-sense and scientific interpretation of human action', p. 56.

㊺ Gadamer, Hans-Georg, *Kleine Schriften*, Vol. I, Tubingen, 1967, p. 109; 也可参见他对下 174
面这本书的导言：*Das Problem der Sprache*, Munich, 1967。

㊻ Abel, Theodore, 'The operation called Verstehen', *American Journal of Sociology*, Vol. 54, 1948, p. 218.

㊼ Gadamer, *Wahrheit und Methode*, Tubingen, 1960, pp. 275ff.

㊽ Heidegger, Martin, *Being and Time*, Oxford, 1967.

㊾ Gadamer, *Wahrheit und Methode*, p. 362.

㊿ 同上，p. 451。

(51) 同上，p. 419。

㊷ Apel, Karl-Otto, *Analytical Philosophy of Language and the Geisteswissenschaften*, Dordrecht, 1967, p. 39.

㊸ Wellmer, Albrecht, *Critical Theory of Society*, New York, 1972, p. 30.

㊹ *Knowledge and Human Interests*, London, 1972, p. 214.

㊺ Ricoeur, Paul, *Freud and Philosophy*, New Haven, 1970, p. 3.

㊻ Gadamer, *Wahrheit und Methode*, p. 465.

㊼ 'Toward a theory of communicative competence', in Dreitzel, Hans Peter, *Recent Sociology* No. 2, New York, 1970, p. 138.

㊽ 'A postscript to "Knowledge and Human Interests" ', *Philosophy of the Social Sciences*, Vol. 3,1973, p. 166.

㊾ *Legitimation Crisis*, Boston, 1975, p. 13.

㊿ *Theory and Practice*, London, 1971, pp. 28ff.

第二章　能动性、行为识别和沟通目的

① Peters, R. S., *The Concept of Motivation, London*, 1958, pp. 12–13.

② 参见：Danto, Arthur, *Analytical Philosophy of Action*, Cambridge, 1973, pp. 28ff。

③ Austin, J. L., 'Three ways of spilling ink', *The Philosophical Review*, Vol. 75, 1966.

④ Toulmin, Stephen, 'Reasons and causes', in Borger, Robert, and Cioffi, Frank, Explanation in the Behavioural Sciences, Cambridge, 1970, p. 12.

⑤ Davidson, Donald, 'Agency', in Binkley, Robert, et al., *Agent, Action, and Reason,* Oxford, 1971.

⑥ 关于"社会的生产"，我不同意图兰的观点。他对这个词语的使用，与他所说的"历史主体"相关。Touraine, Alain, *Production de la societe*, Paris, 1973。

175 ⑦ 比如，参见：Shwayder, D. S., *The Stratification of Behaviour*, London, 1965, p. 134; 'Topics on the backgrounds of action', *Inquiry*, Vol. 13, 1970。

⑧ Anscombe, G. E. M., *Intention*, Oxford, 1963, pp. 12ff.

⑨ 参见：Harre, R., and Secord, P. F., *The Explanation of Social Behaviour*, Oxford, 1972, pp. 159ff。

⑩ 在这一方面，我同意丹托的观点；他指出："一个人做一件事情，可能是因为他有目的地做这件事情，但却不一定按照想要的方式去做：除非我们改变'想要'概念，让它等同于目的的概念。" *Analytical Philosophy of Action*, p. 186.

⑪ Grice, H. P., 'Meaning', *Philosophical Review*, Vol. 66, 1957, p. 385.

⑫ Grice, 'Utterer's meaning and intentions', *Philosophical Review*, Vol. 78, 1969.

⑬ Schiffer, Stephen R., *Meaning*, Oxford, 1972, pp. 30–42.

⑭ 同上，pp. 1–5 及其他各处。

⑮ Lewis, David K., *Convention*, Cambridge (Mass.), 1969.

第三章　社会生活的生产和再生产

① Giddens, Anthony, 'The "individual" in the writings of Emile Durkheim', *Archives europeennes de sociologie*, Vol. 12, 1971.

② McHugh, Peter, et al., *On the Beginning of Social Enquiry*, pp. 25 and 27 (my italics).

③ *The Structure of Social Action*, New York, 1949.

④ The Social System, London, 1951, p. 81.

⑤ 本条注释原文缺省。——译者注

⑥ 我认为，这个评论也适用于下面这篇文献中的分析：Berger, Peter L., and Luckmann, Thomas, *The Social Construction of Reality*, London 1967。我认为，这篇文献没有将行动理论和制度组织理论结合起来。

⑦ 参见：Giddens, 'Classical social theory and the origins of modern sociology', *American Journal of Sociology*, Vol. 82, 1976。

⑧ Giddens, 'The "individual" in the writings of Emile Durkheim'.

⑨ 参见：the Introduction to Giddens, *Emile Durkheim: Selected Writings*, Cambridge, 1972, pp. 38–48。

⑩ Parsons, Talcott, translator's footnote in Weber, Max, *The Theory of Social and Economic Organisation*, London, 1964, p. 124. 也可参照：*The Social System*, p. 36；在这本书中，帕森斯区分出了"秩序问题"的两个方面："霍布斯式的问题"；和"使沟通成为可能的符号系统的秩序"问题。 176

⑪ *The German Ideology*, Moscow, 1968, p. 42.

⑫ 同上，p. 32。

⑬ Merleau-Ponty, Maurice, *In Praise of Philosophy*, Evanston, 1963, p. 54.

⑭ 参见戈夫曼关于双关语、谜语和玩笑等的论述："文字游戏是在强调情境的力量：情境确定其中一种意义，排除其他意义，而不是在削弱情境的力量。" Goffman, Erving, *Frame Analysis*, New York, 1974, p. 443。

⑮ Ziff, Paul, 'Natural and formal languages', in Hook, Sidney, *Language and Philosophy*, New York, 1969; 也可参考他的 *Semantic Analysis*, Ithaca, 1960。

⑯ Polanyi, Michael, *Personal Knowledge*, London, 1958.

⑰ 这个例子也是来自：Ziff, 'What is said', in Davidson, Donald, and Harman, Gilbert, *Semantics of Natural Language*, Dordrecht, 1972。

⑱ Wright, Georg Henrik von, *Norm and Action*, London, 1963.

⑲ Lowith, Karl, *From Hegel to Nietzsche*, London, 1964, p. 321.

⑳ *Grundrisse*, p. 265.

㉑ Weber, Max, *Economy and Society*, New York, Vol. 1, p. 224.

㉒ 参见：Giddens, '"Power" in the recent writings of Talcott Parsons', *Sociology*, Vol. 2, 1968。

㉓ Lefebvre, Henri, *Everyday Life in the Modern World*, London, 1971.

㉔ Evans-Pritchard, E. E., *Witchcraft, Oracles and Magic among the Azande*, Oxford, 1950.

㉕ Ricoeur, Paul, 'The model of the text: meaningful action considered as a text', *Social Research*, Vol. 38, 1971, p. 530.

㉖ Levi-Strauss, Claude, 'Reponses a quelques questions', *Esprit*, Vol. 31, 1963, p. 633, "我……完全赞同利科：他将——毫无疑问，批判性地——我的立场界定为'没有超验主体的康德主义'。这个缺陷使得他有所保留，但是没有什么能阻止我接受这种思想。"

㉗ *Capitalism and Modern Social Theory*, Cambridge, 1971, pp. 65ff and passim.

第四章 解释性说明的形式

① Durkheim, Emile, *Suicide*, London, 1952, p. 44. 麦金太尔指出：这种界定让行动者的
177 理由与自杀的解释失去了关联。涂尔干消除了"做 X 行为是想让 Y 发生"与"做 X 行为，知道 Y 会发生"之间的区别。第二种情况不同于下面这种情况："知识"会被用为实现目的的手段。Maclntyre, 'The idea of a social science'（参见我对"目的性行动"的阐释）。

② Feigl, Herbert, 'The "orthodox" view of theories: some remarks in defence as well as critique', in Radner, M., and Winokur, S., *Minnesota Studies in the Philosophy of Science*, Vol. 4, Minneapolis, 1970.

③ Popper, Karl R., 'Two faces of common sense', in *Objective Knowledge*, Oxford, 1972, pp. 60–63; Quine, W. V., *Word and Object*, Cambridge (Mass.), 1964, 'Grades of theoreticity', in Foster, Lawrence, and Swanson, J. W., *Experience and Theory*, London, 1970.

④ 巴什拉最相关的著作包括：*Le nouvel esprit scientifique*, Paris, 1946; *Le rationalisme applique*, Paris, 1949. Canguilhem, G., Etudes d'histoire et de philosophic des sciences, Paris, 1968. 'L'observation scientifique', Bachelard says, 'est toujours une observation polemique'. *Le nouvel esprit scientifique*, p. 12。

⑤ Kuhn, Thomas, *The Structure of Scientific Revolutions*, Chicago, 1970; 'Reflections on my critics', in Lakatos, Imre, and Musgrave, Alan, *Criticism and the Growth of Knowledge*, Cambridge, 1970; 'Second thoughts on paradigms', in Suppe, Frederick, *The Structure of Scientific Theories*, Urbana, 1974; Lakatos, Imre, 'Criticism and the methodology of scientific research programmes', *Proceedings of the Aristotelian Society*, Vol. 69, 1968;

'Falsification and the methodology of scientific research programmes', in Lakatos and Musgrave, *Criticism and the Growth of Knowledge*; 'History of science and its rational reconstructions', in Buck, R., and Cohen, Robert, *Boston Studies in the Philosophy of Science*, Vol. 8, Dordrecht, 1971（也可参见：Kuhn: 'Notes on Lakatos', in the same source); 'Popper on demarcation and induction', in Schilpp, Paul A., *The Philosophy of Karl Popper*, Lasalle, 1974. Feyerabend, Paul, 'Problems of empiricism', in Colodny, R., *Beyond the Edge of Certainty*, Englewood Cliffs, 1965; 'Consolations for the specialist', in Lakatos and Musgrave, *Criticism and the Growth of Knowledge*; 'Against method: outline of an anarchistic theory of knowledge', in Radner, and Winokur, *Minnesota Studies in the Philosophy of Science*, Vol. 4; Against Method, London, 1975.

⑥ Adorno, Theodore, *Der Positivismusstreit in der deutschen Soziologie*, Neuwied, 1969. 178

⑦ Merton, R. K., *Social Theory and Social Structure*, New York, 1957.

⑧ *The Structure of Scientific Revolutions*, p. viii.

⑨ Popper, *Conjectures and Refutations*, London, 1972, pp. 34–36.

⑩ 费耶阿本德提到的一个例子是：'Popper's Objective Knowledge', *Inquiry*, Vol. 17, 1974, pp. 499–500. 我们也会想到 Duhem 的这个命题：科学从不会检验独立的假设，而是检验一群假设。Duhem, Pierre, *To Save the Phenomena*, Chicago, 1969.

⑪ Lakatos,'Criticism and the methodology of scientific research programmes', pp. 180ff.

⑫ 在这一方面，库恩后来的评论澄清或者修正了他先前的立场。比如，参见：'Reflections on my critics', 尤其是 'Second thoughts on paradigms'。

⑬ 在这一点上，就范式的内在一致性而言，库恩后来的立场比前期的立场更加令人满意和认可（参见注释 12）。

⑭ 不过，也可参见：Davidson, Donald, 'In defence of Convention T'in Leblanc, Hugues, *Truth, Syntax and Modality*, Amsterdam, 1973。当然，对于真理及其依据的适当性阐释问题，我的讨论还不够，还遗留了一些重要问题。在下面这本书中，我对实证主义的讨论将直接分析这些问题. *Studies in Social and Political Theory*, London, 1982。

⑮ 温奇很好地表达了这一点："当然，我也承认：阿赞德人的巫术也寻求我们所理解的理性。这种寻求涉及的行为，我们可以视为'识别矛盾'。但是，我要说的是，在识别这些矛盾时，我们一定要倍加小心；这些矛盾可能不同于我们的科学观念所认识的矛盾。" Winch, 'Comment', in Borger and Cioffi, *Explanation in the Behavioural Sciences*.

⑯ Winch, *The Idea of a Social Science*, p. 89.

索　引

A

accountability　可说明性　25

action; *see also* social action and hermeneutics　行动　5，7；也见于社会行动和阐释学　65

identification of acts　行动的识别　84—87

and intentions　行动和目的　80—81，82—84，87，88—89，93，98，165

in large and small-scale contexts　大规模和小规模情境中的行动　3—4

as meaning　作为意义的行动　59

meaningful and rule-governed　有意义的和规则支配的　50—57

moral evaluations of action　行动的道德评价　54

motivation of action　行动的动机　122—125

and movements　行动和动作　79—80

Parsons on　帕森斯关于行动的论述　101—103

philosophy of　行动哲学　77，88，91，164

and post-Wittgenstein philosophy　行动和后维特根斯坦哲学　50—57

and power　行动和权力　116—120

rational　理性行动　40—41

rationalization of　行动的合理化　88—93，165

responsibility for　行动的责任　78—79，165

social theory of　关于行动的社会理论　viii

Weber on　韦伯关于行动的论述　51，125

actors　行动者

human beings as historically located actors 作为历史上的行动者的人类 168—169
rules and resources 规则与资源 3，4
adequacy 适当性
postulate of adequacy 适当性假定 38
problem of adequacy 适当性问题 155—162
agency, problems of 能动性问题 78—82
agent causality 能动性因果关系 91
alien cultures, observers of 异域文化研究 169—170
alternate realities 另类现实 149
Althusser, Louis 路易斯·阿尔都塞 23，149
analytical philosophy 分析哲学 39
anankastic propositions 强迫性规定 115
anomie 失范 103—105
Anscombe, G. E. M. G. E. M. 安斯科姆 56, 88
anthropology 人类学 50，156—157
Apel, Karl-Otto 卡尔-奥托·阿佩尔 22，60—61，64
arts, the, and nature 艺术和自然 156
Austin, J. L. J. L. 奥斯汀 29，39，40，42，43，49，73，93，94，110，125
autonomy, and self-understanding 自主性和自我理解 161—162
Azande sorcery 阿赞德人的巫术 52—53，144，146，152—153

B

Bachelard, Gaston 加斯顿·巴什拉 23，141，149
background expectancies 背景性预期 47
Bacon, Francis 弗朗西斯·培根 147
Bar-Hillel, Y. Y. 巴-希勒尔 42，49，73
behaviour, meaningful and rule-governed 有意义的行为和规则支配的行为 50—57，101
behaviourism 行为主义 56—57
beliefs, common-sense 常识信念 11，14，20，40，59，121—122
Bergson, Henri Louis 亨利·路易斯·柏格森 33
Betti 贝蒂 69
biological universal 普遍性生物特征 56
Brentano, Franz 弗朗茨·布伦塔诺 30，32

C

Carnap, Rudolf 鲁道夫·卡尔纳普 43，142

causality, and the rationalization of action 因果性和行动的合理化 91—92
child development, and motivation 儿童发展和动机 123—124
Chomsky, N. N. 乔姆斯基 72, 95
Cicourel, Aaron V. 亚伦·V. 西考雷尔 48
class interests/conflict 阶级利益 / 冲突 107—108
Collingwood, R. G. R. G. 柯林伍德 60
commands, and obedience 命令和服从 54—55
common sense 常识 137, 152
　beliefs 信念 / 信仰 11, 14, 20, 40, 59, 121—122, 166
　Durkheim on 涂尔干关于信念的论述 138, 139
　understandings 理解 95—97
communication, and meaning 沟通和意义 93—98, 99, 110—114, 125
communicative competence, in Habermas 哈贝马斯所说的沟通能力 72—74, 111
Comte, A. A. 孔德 viii, 16—18, 20, 136, 138, 160
conflict 冲突
　of interest 利益冲突 102, 104—105, 131
　and power 冲突和权力 118
Constitution of Society, The (Giddens) 《社会的构成》(吉登斯) 1—2
constraint, Durkheimian notion of 涂尔干的约束 / 限制概念 4, 7, 100
constructive analysis, and ethnomethodology 建构分析和常人方法学 45, 47
constructivism 建构主义 15
contradiction, principle of 矛盾原则 154—155
convention, and communicative intent 传统习俗和沟通目的 97—98
critical theory 批判理论 146
　and hermeneutics 批判理论和阐释学 60—76
Critique of Dialectical Reason (Sartre) 《辩证理性批判》(萨特) 32

D

Darwin, Charles 查尔斯·达尔文 17
determinism 决定论 91—92
Dilthey, Wilhelm 威廉·狄尔泰 24, 60, 61—62, 63, 64, 68
Domination 支配
　and critical theory 支配和批判理论 67
　social science as instrument of 作为支配手段的社会科学 167

and structure 支配与结构 129, 130

double hermeneutic 双重阐释

in natural science 自然科学中的双重阐释 9, 13, 14, 86, 160

in social sciences 社会科学中的双重阐释 2, 9—10, 11, 12—15, 86, 164, 166—167, 170

Droysen 德罗伊森 61

dualism 二元论 3

of action and structure 行动和结构的二元论 4

of the individual and society 个体与社会的二元论 4—5

macro- and micro-situations 宏观和微观情境 7

duality of structure 结构二重性 2—8, 109, 128—129, 133—134, 169

Durkheim, Emile 埃米尔·涂尔干 viii, 4, 7, 16, 24, 26, 37, 99, 100—101, 103, 114, 132, 160, 168

and functionalism 涂尔干和功能主义 126—127, 165

on norms 涂尔干关于规范的论述 115

on the object of sociology 涂尔干关系社会学研究对象的论述 138—140

and Parsons 涂尔干和帕森斯 102

social constraint or obligation 社会约束和责任 81—82

Dutch Project on Talents 荷兰人才计划 10—11

E

Economics 经济学

generalizations in 经济学中的一般概括 161

liquidity preference in 经济学中的流动性偏好 157

educational research, Dutch Project on Talents 荷兰教育研究人才计划 10—11

ego, subjectivity of 自我的主观性 36

empiricism 经验主义 140—141

and epistemology 经验主义和认识论 30

and falsification 经验主义和证伪 147, 148

Engels, F F. 恩格斯 17

ethnomethodological indifference 常人方法学的无差异性 45, 46—48

ethnomethodology 常人方法学 39—49, 57, 119

Evans-Pritchard, E. E. E. E. 埃文斯–普里查德 52—53, 122, 144

existential phenomenology 存在主义现象学 21, 25, 29—39, 57, 58, 74

existential terms 存在主义概念 73
existentialism 存在主义 39
externality, Durkheimian notion of 涂尔干的“外在性”概念 4, 7, 100

F

falsification, in the philosophy of science 科学哲学中的证伪 144, 147—148
Feyerabend 费耶阿本德 71, 142
forbearance 克制 82
Freud, S. S. 弗洛伊德 24, 66, 92, 124
functionalism 功能主义 1, 25—26, 27, 116, 165
  and action 功能主义和行动 117
  and structure 功能主义和结构 126—128

G

Gadamer, Hans-Georg 汉斯-格奥尔格・伽达默尔 29, 58, 60, 61, 65, 68—72, 111
  Wahrheit und Methode 《真理与方法》 62—64
game-theory 博弈论 97
games, Wittgenstein's analysis of 维特根斯坦对游戏的分析 53
Garfinkel, Harold 哈罗德・加芬克尔 29, 40—49, 58, 73, 95, 119
Geisteswissenschaften (hermeneutic philosophy) 人文学科（阐释哲学）, 28, 29, 58, 60, 62, 63, 68
global social systems 一般社会系统 8
Gödel, Kurt 库尔特・哥德尔 14, 158
Goffman, Erving 欧文・戈夫曼 27, 94, 156
Grice.H. P. H. P. 格莱斯 94, 95—96, 97

H

Habermas, Jürgen 尤尔根・哈贝马斯 22, 60—61, 64, 65—68, 111
  and critical theory 哈贝马斯和批判理论 72—76
Harbers, Hans 汉斯・哈伯斯 2, 10, 11, 13
Hegel, G. W. F. G. W. F. 黑格尔 106, 107
Heidegger, Martin 马丁・海德格尔 22, 24, 25, 29, 30, 32, 58, 60, 63, 64, 68, 71
Hempel, Carl Gustav 卡尔・古斯塔夫・亨佩尔 142
Herder, Johann Gottfried 约翰・戈特弗里德・赫尔德 60

hermeneutic autonomy　阐释自主性　69
hermeneutic circle　阐释循环　58，63，111
hermeneutics; *see also* double hermeneutic　阐释学　25，150；也见于双重阐释；*Geisteswissenschaften* 人文学科；single hermeneutic　单向阐释　159—162
　and critical theory　阐释学和批判理论　60—76
　and the problem of adequacy　阐释学和适当性问题　159—162
　and relativism　阐释学和相对主义　151—155
　universality of　阐释的普遍性　65
history, and sociology　历史学和社会学　168
Hobbes, Thomas　托马斯·霍布斯　102，104，135
homeostasis　自我平衡　127，128
Husserl, Edmund　埃德蒙德·胡塞尔　29，30—32，36，37，38，58，68

I

idealism　唯心主义　132
　and the natural sciences　唯心主义和自然科学　16
illocutionary acts/forces　言内行为 / 言内力量　93，125
indexical expressions　索引性表达　42，44，49，58，73
indexicality　索引性　42，45，48—49
individuals　个体 / 个人
　distancing from rules and resources　个体与规则和资源的分化　6
　and society　个体与社会　4—5，103—106
institutional reflexivity　制度性反思　6，8—9，13
intentionalist theories of meaning　意义的制度主义理论　71—72
intentionality　意向性　24—25
　and existential phenomenology　意向性和存在主义现象学　30，31—32
intentions, and action　目的和行动　80—81，82—84，87，88—89，93，98
interaction　互动　67，110
　moral orders of　互动的道德秩序　114—116
　and power　互动和权力　116—120，129
　and structure　互动和结构　129—130
interest　利益
　conflict of　利益冲突　102，

104—105，131
and motivation 利益和动机 92—93，134—135
interpretative sociologies 阐释社会学 4，99，133，137—138，163—164
Schutz on 舒茨关于阐释社会学的论述 36
significance of 阐释社会学的意义 57—60
intersubjectivity 主体间性
and existential phenomenology 主体间性和存在主义现象学 31，33，37，39
language as medium of 作为主体间性的媒介的语言 62，158

J

James, William 威廉·詹姆斯 23，149
judgemental relativism 评判性相对主义 152

K

Knorr-Cetina, Karen 凯琳·科诺尔-斯汀娜 9—10，11
knowledge 知识
mutual 共有知识 13，95—97，113—114，121，152，156，159，166，169
Popper's 'bucket theory' of 波普尔的知识水桶理论 141
Kuhn, Thomas 托马斯·库恩 23，142—144，149—151，166，170

L

Lakatos, Irme 尔玛·拉卡托斯 142，148
language 语言 viii
and duality of structure 语言和结构二重性 8，109
language 语言
contradiction in 语言中的矛盾 154—155
and meaning 语言和意义 69，95
and power 语言和权力 54
and the problem of adequacy 语言和适当性问题 158—159
protocol 协议语言 141
and speech 语言和言语 125—126，133
structures 语言结构 129，149
and understanding 语言和理解 25
language-games 语言游戏 23，55，56，64—65，74，130，149
Lévy-Bruhl, Lucien 吕西安·列维-布留尔 144，154
Lévi-Strauss, Claude 克洛德·列维-施特劳斯 8，126
linguistic communication, and

ethnomethodology 语言沟通和常人方法学 43—44
linguistic competence 语言能力 72
linguistic phenomenology 语言现象学 40
linguistic philosophy 语言哲学 137
lived-in world, and existential phenomenology 生活世界和存在主义现象学 30—31, 32
Logic (Mill) 《逻辑》(密尔) 64
Logic of Scientific Discovery, The (Popper) 《科学发现的逻辑》(波普尔) 142
logical empiricism 逻辑经验主义 19, 60—61
logical positivism 逻辑实证主义 19, 136—137, 140, 141—142, 145
Louch, A. R. A. R. 洛奇 50, 137
Löwith, Karl 卡尔·洛维特 117
Luhmann, Niklas 尼克拉斯·卢曼 2
Lukács, G. G. 卢卡奇 67
Lynch, William 威廉·林奇 11, 12

M

MacIntyre, Alasdair 阿拉斯代尔·麦金太尔 54
macro-analysis, in the social sciences 社会科学中的宏观分析 3, 7
magic 魔法 52—53, 144, 145—146
Marshall, Alfred 阿尔弗雷德·马歇尔 101
Marx, Karl 卡尔·马克思 16, 17—18, 20, 70, 99, 106—110, 132, 136, 160
  and human action 马克思和人类行动 117
Marxism-Leninism 马克思列宁主义 160
Mead, G. H. G. H. 米德 23, 24, 26—27
meaning 意义
  and communication 意义和沟通 93—98, 99, 110—114, 125
  frames of 意义框架 149, 151—153, 166, 170
  intentionalist theories of 意义的目的理论 71—72
meaning-equivalence 意义对等性 69
meaningful coherence 意义连贯性 69
meaningful and rule-governed behaviour 有意义的和规则支配的行为 50—57, 101
Merleau-Ponty, Maurice 莫瑞斯·梅洛-庞蒂 30, 110—111
Merton, Robert King 罗伯特·金·默顿 105, 127, 128, 142
metaphor 比喻 155

metaphysics 形而上学 19
micro-analysis, in the socialsciences 社会科学中的微观分析 3，7
Mill, J. S. J. S. 密尔 21，60，64
moral evaluations, of humanaction 人类行动的道德评价 54
moral norms 道德规范 79，166
moral orders of interaction 互动的道德秩序 114—116
moral sanctions, in Durkheim 涂尔干理论中的道德制裁 100—101
moral sciences 道德科学 60
motivation 动机 134—135
  of action 行动动机 122—125
  and interest 动机和利益 92—93
motive 动机
  and post-Wittgenstein philosophers 动机和后维特根斯坦哲学家 101
  and reason 动机和理由 122—123，164
Mouzelis, Nicos 尼克斯·莫泽利斯 2，3，6，7
movements, and action 动作和行动 79—80
multiple realities 多重现实 149
mutual knowledge 共有知识 13，95—97，113—114，121，152，156，159，166，169

N

natural sciences; *see also* science 自然科学；也见于科学 137
  causal generalizations in 自然科学中的因果关系概括 161
  development of 自然科学的发展 17
  and the double hermeneutic 自然科学和双重阐释 9，13，14，86
  explanations in 自然科学中的解释 74—75
  Feigl's 'orthodox' view of 费格尔关于科学的“正统”观点 140
  and paradigm 自然科学和范式 142—144
  single hermeneutic of 自然科学的单向阐释 2，14
  and social sciences 自然科学和社会科学 11—12, 15, 16, 16—20, 51—52, 65, 153—154
nature 自然
  and the identification of acts 自然和行动的识别 84—85，86—87
  and literary and artistic forms 自然和文学艺术形式 156
Newton, Sir Isaac 艾萨克·牛顿爵士 18
normative sanctions 规范性制裁 114—116

O

obedience, and commands 服从和命令 54—55
objectivism 客观主义 68
order, Hobbesian problem of 霍布斯的秩序问题 102, 104, 135
ordinary language philosophy 日常语言哲学 29, 39—40

P

paradigms 范式 23, 142—143, 149—151, 166
Pareto, Vilfredo 维尔弗雷多·帕累托 101, 102
Parsons, Talcott 塔尔科特·帕森斯 2, 5, 21, 24, 26, 29, 40, 75, 99, 101—106, 119, 132, 135
  and functionalism 帕森斯和功能主义 127, 165
Peirce, Charles Sanders 查尔斯·桑德斯·皮尔斯 42
Peters, R. S R. S. 彼得斯 79
phenomenology 现象学 25, 29, 39—40, 42, 137, 140
  existential 存在主义现象学 21, 25, 29—39, 57, 58, 74
  and social life 现象学和社会生活 6
  transcendental 超验现象学 58
Philosophical Investigations (Wittgenstein) 《哲学研究》(维特根斯坦) 29, 57, 58, 61, 64, 130
physics 物理学 18, 19
Polanyi, Michae 迈克尔·波兰尼 113, 158
Popper, Karl 卡尔·波普尔 19, 141—144, 146, 147—148, 153
positivism 实证主义 1, 40, 65, 136—137, 164
  dilemmas of 实证主义的困境 138, 141
  logical 逻辑实证主义 19, 136—137, 140, 141—142, 145
  and voluntarism 实证主义和唯意志论 103
post-modernism 后现代主义 2
post-structuralism 后结构主义 1, 2
post-Wittgenstein philosophy 后维特根斯坦哲学 50—57, 61, 74, 77, 101, 116, 149
postulate of adequacy, Schutz on 舒茨关于适当性假设的论述 38
power 权力
  and conflict of interest 权力和利益冲突 104
  and functionalism 权力和功能主义 26
  and interaction 权力和互动 116—120, 129

and language 权力和语言 54
in social life 社会生活中的权力 59
Weber on differentials of 韦伯关于权力分化的论述 37
praxis 实践 75，81，92，106，117，158
pre-understanding 前理解 69
problematics 问题意识 149
psychoanalysis 精神分析 65—66，76，143，162
psychology 心理学 56—57
purpose, and intention 目的和意图 82—84
purposive behaviour 目的性行为 80，87，88—89，90，92，93，164
in Durkheim 涂尔干理论中的目的性行为 100—101
purposive-rational action 目的性-理性行动 67

Q

Quine, W. V. W. V. 奎因 141

R

rationalism, critical 批判理性主义 146，148
rationality, and ethnomethodology 理性和常人方法学 45—46
rationalization 合理化
of action 行动合理化 88—93，165
and reflexivity 合理化和反思性 120—122
reason 理由
and motives 理由和动机 122—123，164
and purpose 理由和目的 90，99
reflexive behaviour 反思性行为 33
reflexivity 反思性 5—6，22，24，25，167
of actor's accounts 行动者的反思性说明 42—43
institutional 制度性反思 6，8—9，13
and motivation 反思性与动机 123—124
and rationalization 反思性与合理化 120—122
relativism 相对主义 23，149
and hermeneutic analysis 相对主义和阐释分析 151—155
judgemental 评判性相对主义 152
religion 宗教
and paradigms 宗教和范式 150，151
and science 宗教和科学 145—146
Winch on 温奇关于宗教的论述 157—158

Ricoeur, Paul　保罗·利科　58, 60, 68, 125, 126
romanticism, and the naturalsciences　浪漫主义和自然科学　16
rule-following　规则遵从　130
rule-governed behaviour　规则支配的行为　50—57, 101
rules and resources　规则和资源
　and actors　规则、资源和行动者　3, 4
　individual distancing from　个人与规则、资源的分离　6
Rules of Sociological Method (Durkheim)《社会学方法的准则》（涂尔干）　viii, 100, 138
Russell, Bertrand　伯特兰·罗素　43
Ryle, Gilbert　吉尔伯特·赖尔　32, 43

S

Sacks　萨克斯　44
Sartre, Jean Paul　让-保罗·萨特　30, 32
Schegloff　谢戈洛夫　44
Scheler, Max　马克斯·舍勒　30, 32
Schleiermacher, F.　F. 施莱尔马赫　60
Schutz, Alfred　阿尔弗雷德·舒茨　22, 23, 25, 40, 59, 81, 89, 90, 95, 121, 149, 157, 160, 167
　and existential phenomenology　舒茨和存在主义现象学　32—39, 57, 58
　on norms　舒茨关于规范的论述　114
science; *see also* natural sciences epistemological grounding of　科学；也见于自然科学的认识论基础　146
　and non-science　科学和非科学　144—151
　philosophy of　科学哲学　19, 142, 144, 147—148
　rationality of　科学理性　40
scientific knowledge　科学知识　136—137, 147
scientific rationalities　科学理性　46
Searle, John R.　约翰·R. 塞尔　94, 149
self-awareness　自我意识　22
self-consciousness　自我认识　24
self-fulfilling prophecies　自我实现预言　161, 167
self-knowledge　自我知识　62, 66, 92, 161
self-reflection　自我反思　viii
self-understanding　自我理解　24, 58, 67—68
　and autonomy　自我理解和自主性

161—162
semantics 语义学 43
Simmel, Georg 格奥尔格·齐美尔 105
single hermeneutic, of natural science 自然科学的单向阐释 2, 14
social action 社会行动 21—22
and ethnomethodology 社会行动和常人方法学 40—42, 46—47
and existential phenomenology 社会行动和存在主义现象学 33—38
Weber's conception of 韦伯社会行动的概念 33—34, 37, 125
social life 社会生活
and functionalism 社会生活和功能主义 26
and the identification of acts 社会生活和行动的识别 85—86
social norms 社会规范 54
differential interpretation of 社会规范的不同解释 59—60
social organization 社会组织
multiple levels of 不同层次上的社会组织 4, 7
and routinization 社会组织与例行化 5—6
social reproduction 社会再生产 8
social sciences 社会科学
critique of 社会科学批判 137
double hermeneutic of 社会科学的双重阐释 2, 9—10, 11, 12—15, 86, 164, 166—167, 170
micro- and macro-analysis in 社会科学中的微观和宏观分析 3, 7
and natural sciences 社会科学和自然科学 11—12, 15, 16, 16—20, 51—52, 65, 153—154
and philosophy 社会科学和哲学 21
resistance of lay public to 普通大众对社会科学的抵制 19—20
technical concepts of 社会科学的专业概念 167
social self 社会性自我 26—27
society, and the individual 社会和个人 4—5
sorcery 巫术 52—53, 144, 146
speech, and language 言语和预言 125—126, 133
Strawson, P. F. P. F. 斯特劳逊 74, 94
structuralism 结构主义 1, 25—26, 126
structuration 结构化 131—132, 169
structure 结构
duality of 结构二重性 2—8, 109, 128—129, 133—134
and functionalism 结构和功能主义

126—128
production and reproduction of 结构的生产和再生产 84，125—132，135
Structure of Scientific Revolutions, The (Kuhn) 《科学革命的结构》（库恩） 143，149—151
Structure of Social Action, The (Parsons) 《社会行动的结构》（帕森斯） 101，102，105
suicide, Durkheim on 涂尔干关于自杀的论述 139—140
symbolic interactionism 符号互动主义 25—27
systems theory 系统理论 128

T

Tarski, Alfred 阿尔弗雷德·塔尔斯基 153
technical concepts 专业概念 52
Tractatus (Wittgenstein) 《逻辑哲学论》（维特根斯坦） 64
traditions 传统 6，62
transcendental phenomenology 超验现象学 58，68

U

understanding 理解 24—25；*see also* self-understanding；也见于自我理解；Verstehen of a text 文本的理解 70
understandings, common-sense 常识性理解 95—97

V

values, internalization of 价值内化 24，26
Verstehen, concept of 理解的概念 58—59，61—63，158
Vienna circle 维也纳小组 141—142
voluntarism 唯意志论 21，102—103
Vries, Gerard de 杰拉德·德·弗里斯 2，10，11，13

W

Weber, Max 马克斯·韦伯 24，28，29，63，67，68，83，157，167
on action 韦伯关于行动的论述 51，125
and Parsons 韦伯和帕森斯 102，105，106
and power 韦伯和权力 118
and rationality 韦伯和理性 45
on social action 韦伯关于社会行动的论述 33—34，37，125
and Verstehen 韦伯和理解 61—62
Whorf, Benjamin Lee 本杰明·李·沃夫

23, 149

Winch, Peter 彼得·温奇 22, 29, 50—57, 58, 61, 64—65, 67, 70, 75, 103, 166

on norms 温奇关于规范的论述 114

and relativism 温奇和相对主义 149, 150

on science and religion 温奇关于科学和宗教的论述 144, 157—158

Wittgenstein, Ludwig 路德维希·维特根斯坦 21, 22, 23, 24, 40, 48, 72, 80, 86, 149

analysis of games 维特根斯坦对游戏的分析 53

analysis of rule-following 维特根斯坦对规范遵从的分析 130

influence of later 后期维特根斯坦的影响 29, 42, 56—57, 58, 94

Philosophical Investigations 《哲学研究》 29, 57, 58, 61, 64, 130

philosophy of language 维特根斯坦的预言哲学 64—65

post-Wittgenstein philosophy 后维特根斯坦哲学 50—57, 61, 74, 77, 101, 116, 149

Wolf, Friedrich 弗里德里希·沃尔夫 60

Wright, Georg Henrik von 格奥尔格·亨利克·冯·赖特 115

Z

Zande *see* Azande 赞德，参见阿赞德人

Ziff, Paul 保罗·齐夫 112

《吉登斯文集》中文版书目

《亲密关系的转变》

《理解现代性：吉登斯访谈录》

《社会学方法的新准则：阐释社会学的建设性批判（第二版）》

《当代社会理论》

《逃逸的世界》

图书在版编目(CIP)数据

社会学方法的新准则：阐释社会学的建设性批判：第二版/(英)吉登斯著；徐法寅译. —北京：商务印书馆，2021
(吉登斯文集)
ISBN 978-7-100-19488-4

Ⅰ. ①社… Ⅱ. ①吉… ②徐… Ⅲ. ①社会学-研究 Ⅳ. ①C91

中国版本图书馆 CIP 数据核字(2021)第 029892 号

吉登斯文集

社会学方法的新准则

阐释社会学的建设性批判

(第二版)

〔英〕安东尼·吉登斯 著

徐法寅 译 郭忠华 校

商 务 印 书 馆 出 版
(北京王府井大街36号 邮政编码100710)
商 务 印 书 馆 发 行
山东临沂新华印刷物流集团有限责任公司印刷
ISBN 978-7-100-19488-4

2021年9月第1版　　开本 710×1000 1/16
2021年9月第1次印刷　　印张 14.25

定价：72.00元